페미니즘 교실

구르는돌 06

페미니즘 교실

김고연주 엮음 | 최현희 외 지음 | 수신지 그림

2019년 3월 29일 초판 1쇄 발행
2020년 7월 15일 초판 6쇄 발행

펴낸이 한철희 | **펴낸곳** 돌베개 | **등록** 1979년 8월 25일 제406-2003-000018호
주소 (10881) 경기도 파주시 회동길 77-20 (문발동)
전화 (031) 955-5020 | **팩스** (031) 955-5050
홈페이지 www.dolbegae.co.kr | **전자우편** book@dolbegae.co.kr
블로그 imdol79.blog.me | **트위터** @dolbegae79 | **페이스북** /dolbegae

주간 김수한 | **편집** 권영민
표지디자인 김동신 | **디자인** 이은정
마케팅 심찬식·고운성·조원형 | **제작·관리** 윤국중·이수민 | **인쇄·제본** 상지사 P&B

ISBN 978-89-7199-930-1 (44300)
ISBN 978-89-7199-543-3 (세트)

책값은 뒤표지에 있습니다.

이 도서의 국립중앙도서관 출판예정도서목록(CIP)은 서지정보유통지원시스템 홈페이지(http://seoji.nl.go.kr)와
국가자료공동목록시스템(http://www.nl.go.kr/kolisnet)에서 이용하실 수 있습니다.(CIP제어번호: CIP2019008737)

페미니즘 교실

김고연주 엮음
수신지 그림

최현희
최지은
김고연주
태희원
김엘리
김보화
김애라
나영정
김수아

돌베개

'혐오의 시대……'

지금을 혐오의 시대라 명명한들 누구도 감히 이의를 제기하지 못할 겁니다. 그만큼 타인에 대한 혐오가 넘쳐나고 있지요. 혐오하는 이, 혐오받는 이…… 셀 수 없이 많은 혐오 표현이 바다를 이루어 누구도 혐오로부터 자유롭지 못합니다. 도대체 무슨 뜻인지, 왜 그런 말을 들어야 하고, 어떻게 그런 말을 할 수 있는지 이해할 수 없는 것 투성이예요. 분노, 슬픔, 억울, 미움, 좌절 그리고 타인에 대한 불신이 차곡차곡 쌓여 깊어집니다. 어쩌다 이렇게 돼 버렸는지 너무 마음이 아프고 또 여러분에게 미안할 따름입니다.

여러분에게 과거보다 지금이 더 살기 좋아졌다고 말하는 사람들도 많을 거예요. 어떤 면에서는 그럴 겁니다. 하지만 또 어떤 면에서는 그렇지 않아요. 지금의 기성세대는 어린 시절에 불법 촬영을 당할까 봐 무서워 공중화장실 사용을 꺼리지 않았습니다. 아동복보다 작은 교복 때문에 숨 막히지 않았습니다. 아무리 화가 나도 상대방의 부모님, 특히 어머니를 함부로 입에 올리지 않았습니다. 하지만 지금 우리가 살고 있는 세상의 모습은 이렇습니다. 여러분이 경험하는 현실입니다.

우리 사회는 여러분을 미래 세대라고 부릅니다. 우리 사회의 미래가 여러분에게 달렸다고도 합니다. 하지만 미래 세대는 여러분의 현재를 지워 버리는 용어입니다. 여러분의 현재를 지우면서 여러분에게 미래를 책임 지우는 것은 부당합니다. 여러분은 지금을 살고 있는 현재 세대입니다. 기성세대와 함께 호흡하는 동시대인입니다. 그래서 저는 여러분을 '우리'라고 부릅니다. 우리는 현재를 함께 살며 미래를 함께 만들어 가고 있습니다. 따라서 현재도 미래도 우리에게 달려 있습니다.

다만 현재에 대한 책임이 기성세대에게 훨씬 더 많이 있다는 사실은 부정할 수 없습니다. 기성세대인 저자들이 이 책을 쓰기 위해 펜을 든 이유이기도 합니다. 이 책은 혐오의 시대에 기성세대로서 느끼는 무거운 책임에서 시작되었습니다. 혐오의 시대에 무엇보다 필요한 것이 페미니즘이라는 확신을 지니고, 페미니즘에 대한 여러분의 궁금증을 해소하고, 나아가 페미니즘으로 어떻게 혐오의 시대를 바꿀 수 있을지를 여러분과 함께 고민하기 위해 기획되었습니다.

저자들은 혐오의 시대에 여러분의 안부를 묻습니다. 어떤 경험을 하고 있는지, 어떤 감정을 느끼고 있는지 궁금합니다. 친구들과 자신의 엄마를 '느금마', '엠창'이라고 부르면서, 친구들과 선생님에게 '앙 기모띠'라고 말하면서 웃는 속마음이 정말 재미있고 신날까 걱정됩니다. 방광염과 변비에 시달릴지언정 공중화장실에 못 가고, 안전이별이 걱정돼 애인을 집으로 초대하지도 못하는 일 상이 안타깝습니다.

하지만 동시에 여러분에게서 희망을 봅니다. 기성세대는 대학 교에 진학해야만, 그것도 한 학기에 하나 열릴까 말까 하는 교양 수업에서 겨우 페미니즘을 접했습니다. 본인이 열심히 찾고 노력 하지 않으면 페미니즘에 대해 배우거나 이야기할 수 없었지요. 대 학을 졸업한 후에는 페미니즘과 영영 작별인 경우가 대부분이었 습니다. 하지만 여러분은 지금부터 페미니즘을 접하고 있습니다. 페미니즘을 일찍 접한 만큼 머리로, 가슴으로 성평등 세상에 관한 다양한 고민을 이미 하고 있을 겁니다. 여러분을 응원하고, 우리 사회의 변화가 기대되는 이유입니다.

흔히 페미니즘을 렌즈에 비유합니다. 렌즈를 쓰면 뻑뻑하고 불 편하지만 지금까지 잘 보이지 않던 것을 보다 선명하게 볼 수 있 는 것처럼 페미니즘도 새로운 시선을 제공한다는 의미예요. 또는 LTE에 비유하기도 합니다. 우리가 LTE 속도를 경험한 이상 3G로 회귀할 수 없는 것처럼 한번 페미니즘에 눈을 뜨면 과거로 돌아갈 수 없다는 의미지요. 이 책은 우리가 살고 있는 혐오의 세상을 페 미니즘이라는 혁신적인 렌즈를 통해 이해하고 변화를 모색하기 위한 시도입니다. 무엇보다 여러분의 다양한 일상과 구체적인 고 민을 담고 함께 나누기 위해 노력했습니다. 제목은 '교실'이지만,

일방적으로 기성세대가 가르치고 현재 세대가 배우는 것은 페미니즘이 아니지요. 기성세대가 현재 세대에게 보내는 '소통을 위한 말 걸기'입니다. 여러분이 어떻게 화답할지 무척 궁금합니다. 그리고 여러분의 화답을 통해 기성세대도 함께 성장할 것입니다. 혐오의 시대를 바꾸는 여정은 이미 시작되었습니다. 험하고 긴 여정이지만 우리는 서로의 든든한 벗입니다. 우리의 발걸음이 시나브로 혐오의 시대를 바꿀 것입니다.

2019년 3월
김고연주

차 례

페미니즘이라는
모험을 함께

1
학교

최현희

페미니스트 교사라고 다 좋은 교사는 아니겠으나, 페미니스트 교사가 아니면서 좋은
교사일 수는 없다고 생각한다. 오늘도 불편한 학교에서 불편하게 살고 있다. 『페미니
스트 선생님이 필요해』를 함께 썼다.

우리 주변에서 벌어지는 농담 같은 일

지금 밖에는 비바람이 몰아치고 있습니다. 이 글을 쓰려고 도서관
에 들어오다가 제 옷과 신발은 다 젖어 버렸습니다. 차 문을 살짝
열어 우산을 펼친 다음, 몸을 재빨리 빼냈지만 결국 이렇게 돼 버
렸어요. 아무리 민첩하게 움직였더라도 세찬 비를 완벽히 피할 순
없었겠죠. 비를 털고 닦아 내며 문득 이런 상상을 했습니다. 이렇
게 거센 비바람이 몰아치는 날 "지금 무슨 비가 온다는 거야? 하
늘이 맑기만 한데!"라고 말하는 사람이 있다면 어떨지 말이에요.
아마 누구라도 그가 장난을 치거나 농담을 한다고 생각할 겁니다.

놀랍게도 이런 농담 같은 일이 우리 주변에서 쉽게 일어납니
다. 자신을 둘러싼 차별과 혐오를 제대로 알거나 느끼지 못하는
사람들이 아주 많거든요. 비바람에 온몸이 젖어 있으면서도 "하늘
은 맑다!", "비는 오지 않는다!"라고 외치는 것처럼 말입니다. 혹은
비를 피할 수 있어서 비바람 따위는 중요하지 않은 사람일 수도
있겠습니다. 그런 사람은 이렇게 말하겠네요. "비바람이 부는 것
은 맞지만 그렇게 중요한 문제는 아니다!"

이처럼 우리 사회에는 여성을 향한 차별이 이제 더 이상 존재하지 않는다거나, 존재하더라도 '사소한' 문제에 불과하다는 생각이 널리 퍼져 있습니다. 아마도 성차별적인 법과 제도를 없애거나 바꾸는 시기를 지나며 많은 사람들이 그로써 평등한 사회가 되었다고 믿어 버린 것 같습니다. 하지만 법과 제도의 변화가 우리 안에 숨은 편견과 차별적인 인식까지 바로잡아 주지는 않습니다. 그건 사회 구성원이 다 같이 노력해야 할 일이죠.

저는 한 인터뷰에서 일상의 여성혐오와 차별을 비판적으로 바라볼 수 있도록 학교에서 페미니즘 교육을 해야 한다고 말했습니다.* 그 인터뷰에 수많은 사람들의 비난과 공격이 쏟아졌습니다. 악의적인 허위 사실을 퍼뜨리거나 욕설과 인신공격을 하는 사람들도 많았습니다. 왜 이렇게 많은 사람들이 페미니즘에 화가 나 있는지 모두 이해할 순 없었지만 한 가지는 확실히 알게 되었습니다. 페미니즘이 우리 사회에서 더 이상 '사소한' 문제가 아니라는 사실을요.

아마도 이 책을 집어 여기까지 읽은 여러분이라면 비바람 속에서 비가 오지 않는다고 주장하는 사람들은 아니겠지요. 설명할 수 없는 불편함과 부당함을 느끼며 마음속에 수많은 질문을 품어 왔을 거라 생각해요. 질문에 속 시원하게 답할 수 있는 비청소

---

* 「우리에겐 페미니스트 선생님이 필요합니다」, 닷페이스, 2017. 7. 27. https://www.youtube.com/watch?v=RArvdK3MbU8

년을 만나기도 어려웠을 겁니다. 대답은커녕 질문조차 할 수 없는 사람들이 대부분이니까요. '당연과 물론의 세계'*에 질문을 던지는 건, 자신의 익숙한 일상이 뒤집어지기에 두려운 일입니다. 그 속에 오래 머문 사람일수록, 그 안에서 많은 것을 얻어 온 사람일수록 더 두렵겠죠.

두려움은 생존하는 데는 중요한 감정일지 몰라도, 진실을 대면하기에는 방해가 되는 감정입니다. 분노나 슬픔 등 다른 부정적인 감정에 비해 사람들이 유독 감추고 싶어 하는 감정이기도 하고요. 교실에서 수업 활동을 방해하는 학생들을 자세히 보면 잘하지 못할까 봐 두려워해서인 경우가 많습니다. 자신의 두려움을 마주하고 노력하기보다는 오히려 장난을 치거나 수업을 방해하며 두려움을 회피하는 거지요.

비청소년의 경우에는 단순히 두려움을 회피하는 걸 넘어 비겁하게 굴 때가 더 많은 것 같습니다. 교실에서는 교사들도 두려움을 느낍니다. 교실이 통제 불가능한 상황이 되거나, 많은 학생들 앞에서 교사로서의 권위가 위협당할까 봐, 혹은 자신의 수업에 학생들이 흥미와 관심을 전혀 느끼지 못할까 봐 걱정하지요. 하지만 그럴수록 오히려 학생들을 탓하거나, 일부러 근엄한 표정을 짓기도 하고, 학생의 역할이나 교실의 규칙을 강조하며 교사의 권력 뒤로 숨는 경우가 많은 것 같습니다.

---

* 김승희, 「세상에서 가장 무거운 싸움 2」, 『세상에서 가장 무거운 싸움』, 세계사, 1995.

'관습'이라는 안전지대를 떠나

혹시 주변에 페미니즘의 낯선 인식과 도전에 반감을 갖거나 무조건 정색부터 하는 비청소년이 있나요? 그렇다면 그가 익숙한 말과 관습이 통하지 않는 낯선 땅에 혼자 남겨진 상황을 한번 상상해 보세요. 그는 아마 거기에서부터 많은 걸 다시 시작해야 할 겁니다. 말을 새로 배우고 그곳의 약속과 규칙을 하나씩 익혀 가겠지요. 낯설게 세상을 응시하는 모든 순간이 그에게는 새로운 배움의 시간일 겁니다. 그래야 살아갈 수 있을 테니까요.

하지만 자신이 통제할 수 있는 한 줌의 익숙함과 당연함이 존재하는 세상에서는 그럴 필요가 없죠. 많은 사람들이 '관습'이라는 안전지대를 떠나는 것을 두려워합니다. 그 속에 무수한 차별과 부조리가 있을지라도요. 그래서 저는 페미니즘을 통해 차별에 대한 민감성을 기르고 주변을 낯설게 보는 일이 마치 모험을 하는 것과 비슷하다고 생각합니다. 익숙함을 포기하는 대신 넓은 시야와 새로운 관점을 갖게 되는 모험 말입니다. 저는 학교에서 학생들에게 매일 이 모험을 함께 하자고 손을 내밉니다. 대부분의 학생들은 고맙게도 손을 잡아 줘요.

가장 먼저, 학생들과 만나면 '최고현희'라고 제 이름을 소개해요. 어머니의 성인 '고' 자를 덧붙여서 말이에요.('고'를 앞에 붙이지 않는 건 고인으로 해석될 수 있기 때문입니다. 이 점도 학생들과 이야기합니다.) 학생들은 이상하다며 웃음을 터뜨립니다. 저는

페미니즘 교실

'최현희'가 더 자연스럽게 느껴지느냐고 묻죠. 모두 그렇다고 답합니다. 다시 질문을 합니다. "혹시 우리가 차별에 익숙해진 건 아닐까요?" 대부분의 학생들은 그 순간 웃음을 멈춰요. 그리고 이름처럼 익숙하고 당연했던 차별을 하나씩 찾아 이야기하기 시작합니다. 한 사람의 발견이 다른 사람의 기억을 자극해서인지 많은 이야기들이 고구마 줄기처럼 줄줄이 엮여 나옵니다. 짧은 시간에 상당한 차별을 발견해 낸 걸 두고 다 같이 놀라워하기도 합니다.

그중에는 언제나 학급 번호에 대한 이야기가 빠지지 않는 것 같습니다. 아직까지도 남학생은 1번, 여학생은 51번으로 시작하는 학교가 많으니까요. "여자아이는 다리 벌리고 앉으면 안 된다.", "남자아이가 돼서 왜 눈물이 많냐?" 등 조부모나 부모, 혹은 이전에 만난 교사에게 들었던 성차별적 발언들도 이어집니다. 스케이트보드를 들고 엘리베이터를 탔더니 어떤 어르신이 "여자아이가 그런 걸 타냐?"고 호통을 쳤다는 경험을 생생하게 풀어놓는 학생도 있습니다. 여학생들은 피구를, 남학생들은 축구를 했던 체육 수업에 문제 제기를 하는 학생들도 있습니다. 일상으로 겪었지만, 어디에도 쏟아 놓지 못했던 차별과 편견에 대한 토로가 한 시간이 넘도록 쉬지 않고 이어집니다. 어느 누구도 지겨워하지 않고 지치지도 않습니다. 다른 사람의 말에 공감하고 자신의 의견을 힘주어 말하는 살아 있는 국어 시간인 셈이죠.

그렇게 처음 만난 날을 시작으로 우리는 한층 깊은 감수성을 가지고 세상을 보는 연습을 시작합니다. 교실에서 슬픈 영상을 보거나 힘든 일을 겪은 남학생이 눈물을 흘리면, "남자가 그런 걸로 우냐?"라는 말을 하다가 "아차" 하며 입을 손으로 막는 시늉을 하는 학생도 생겨납니다. 그리고 그 옆에서 "솔직히 나도 모르게 같은 생각을 했다."고 고백하는 친구들도 나타나요. 명절이 다가오면 불평등한 명절 문화가 자연스럽게 대화의 주제가 됩니다. 대개 아빠의 본가를 먼저 가거나 주로 여성들만 분주하게 일하는 각자의 명절 풍경을 나누면서 내가 바꿀 수 있는 일을 함께 궁리해 봅니다. 엄마의 남자 형제는 계속 삼촌인데, 아빠의 남자 형제는 결혼하면 작은아버지나 큰아버지가 되는 불평등한 가족 호칭에 대한 이야기가 나오기도 합니다. 학급 회의에서는 쉬는 시간에 친구들을 여자, 남자로 나누지 말고 편견 없이 어울리자는 의견이 안건으로 올라옵니다. 실제로 시간이 지날수록 성별로 친구들을 구분하는 일은 확연히 줄어들어요. 남자와 여자로 짝을 지어 자리 배치를 하던 저의 학급 운영 방식도 학생들의 문제 제기로 바꿀 수 있었습니다.

국어 시간에는 교과서에 나오는 문학 작품의 주인공이 대부분 남성이라는 점도 낯설게 들여다봅니다. 교과서 밖의 수많은 텍스트들을 다시 살펴보는 시간도 가져요. 특히 학생들이 어린 시절부터 보아 온 뽀로로, 코코몽, 타요, 폴리, 또봇, 카봇, 터닝메카드 등등…… 이름을 다 댈 수도 없을 만큼 많은 애니메이션에서 모험을 하고 말썽도 일으키며 성장하는 주인공 캐릭터는 모두 남성이었습니다(그리고 그들은 대부분 지구를 구하죠). 여성 캐릭터는 수도 훨씬 적고 비중도 낮은 데다가 '날씬하고 예쁜' 외모와 착하고 애교 많은 성격으로 묘사되었습니다. 그리고 지구를 구하는 남자 주인공들을 도와주는 조력자의 위치에 머무는 경우가 대부분입니다. 애니메이션 분석 수업을 한 후에 한 여학생이 쉬는 시간에 저를 찾아와 이런 말을 하더군요. "선생님, 제가 맨날 얌전해야 한다고 생각한 게 이런 만화들 때문인 것 같아요. 저 이제부터 더 말썽을 부릴 거예요!" 말썽 부리는 학생들이 늘어나면 담임인 저야 더 힘들 텐데도, 그 말이 얼마나 반갑고 기쁘던지요.

교과서의 성차별적인 삽화들도 학생들이 그냥 넘어가지 않습니다. 때로 진도 나가기에 마음이 바빠진 제가 미처 발견하지 못하고 지나칠 때도 학생들은 "앞치마 하고 요리하는 사람을 여자로만 그린 건 차별이다.", "항상 아빠랑 아들만 컴퓨터 게임을 하고 있다.", "여자는 다 치마만 입고 있다." 등 교과서를 만든 사람이 꼭 들어야 할 지적을 놓치지 않습니다.

이러한 배움은 결코 교과서를 통해 얻을 수 없습니다. 이건 교과서의 문제니까요. 오히려 교과서 밖으로 걸어 나와 교과서의 문제를 바라볼 수 있는 힘이 있어야 합니다. 교과서라도 얼마든지 틀릴 수 있다는 걸 알아야 하고, 교과서의 잘못된 점을 발견할 수 있는 렌즈가 있어야 해요. 저는 그 렌즈가 바로 페미니즘이라고 생각합니다.

페미니즘 교육은 그저 질문하는 법을 배우는 것

관성의 법칙이 있지요. 그 법칙에 따르면 물체는 외부에서 힘이 가해지기 전까지 처음의 운동 상태를 계속 유지하려고 합니다. 힘이 가해지더라도 쉽게 상태를 바꾸려고 하지 않아요.* 관성의 법칙은 과학뿐만 아니라 우리가 살아가는 사회에도 적용됩니다. 잘못된 관성들은 문화, 전통, 관습이라는 이름으로 우리 삶 곳곳에 스며들어 있습니다. 제가 만난 대부분의 학생들은 약간의 새로운 시각과 질문만으로도 그것을 발견하고 낯설게 보는 힘을 가지고 있었습니다.

교실에는 서로의 의견을 주의 깊게 듣고 이유를 들어 반박하는 치열함이 늘 함께했습니다. 교사의 말이라고 무조건 믿고 따르는 일은 사라졌습니다. 학생들의 목소리가 더 커지고 활발해진 교실은 겉으로만 보면 평화로운 풍경은 아니었을지 모릅니다. 그러나 갈등을 드러내고 서로 논쟁할 수 있는 교실이 약자의 침묵과 고통을 묵인하여 유지되는 평화보다 낫다고 믿습니다. 우리는 서로를 좋아하고 존중하면서도 잘못된 점, 특히 폭력과 차별에 대해서만큼은 분명하게 따져 물었습니다. 어떤 작은 폭력도 개인의 문제로 선을 긋기보다 공동체가 함께 해결하려고 노력했습니다. 교

---

* 버스가 급정거를 하면 승객들의 몸이 앞으로 쏠리는 이유가 바로 버스의 달리던 힘을 유지하려는 관성 때문입니다.

실 밖의 세상은 여전히 혐오와 차별로 가득했지만, 교실 안에서만큼은 서로를 통해 배우고 용기를 내며 계속 질문할 수 있는 힘을 얻었습니다.

페미니즘 교육을 경험할 기회도, 페미니즘 교육이 바뀌 가는 교실의 구체적인 풍경도 상상하지 못하는 사람들은 막연한 두려움과 공포를 페미니즘에 투사(投射)하는 것 같습니다. '투사'란 자신의 마음과 생각을 다른 사람에게 뒤집어씌우는 걸 말합니다. 그러니까 자신이 상상할 수 있는, 혹은 자신이 이미 하고 있는 혐오와 차별을 페미니즘 교육이 그대로 할 거라고 믿는 거예요. 남성을 혐오하는 극단적인 교육이라느니, '어린' 나이에 적절하지 않은 세뇌 교육이라느니 하는 식으로요.

하지만 페미니즘 교육은 그저 질문하는 법을 배우는 것입니다. 우리 사회의 표준이 아닌 약자의 관점에서 세상을 바라보는 연습이기도 하지요. 세상의 많은 표준을 누가 정한 건지, 그게 왜 필요한 건지, 그것이 누구를 위한 것인지를 질문하기도 하면서요. 여기에 학생들이 대담하게 동참할 수 있었던 것은, 그들은 그렇게 해서 세상이 뒤집히는 걸 별로 두려워하지 않기 때문이라고 생각합니다. 잘못된 걸 바꾸는 건 그들에겐 너무 당연해서 가장 쉬운 일인 거죠. 어쩌면 자신이 포기하고 감수해야 할 만큼 이 세상의 관성에서 얻은 게 별로 없어서일 수도 있겠습니다.

앞서 언급한 인터뷰에서 저는 '아이들은 앎과 삶이 연결되어 있다.'는 말을 했습니다. 제 주변에는 페미니즘에 대해 열려 있고 페미니즘을 통해 지적인 해방감을 누리면서도 그것을 삶의 실천으로 연결 짓지 못하는 비청소년들이 아주 많이 있습니다. 제 안에도 그런 모습들이 있고요. 그럴 때마다 아주 작은 깨달음만으로 교실의 풍경을 다르게 써내는 학생들이 늘 제게 영감과 용기를 주었습니다. 인터뷰 이후 쏟아진 비방과 왜곡을 어떻게 견뎌 내는지 질문을 받을 때가 있는데요. 제가 만난 학생들에게서 얻은 용기와 확신이 저를 굳건히 버티게 도와주었습니다.

여러분의 삶 역시 누군가에게 영감과 용기가 될 수 있을 거라 믿습니다. 사실 저는 차별에 대한 감수성이 부족했던 건지, 아니면 어디에서도 배우지 못했기 때문인지, 매우 순응적인 청소년기를 보냈습니다. 사회적 통념과 별다른 대결 없이 주어진 '공부'에 매진해서 대학도 가고 취업도 했어요. 그리고 이십대 후반이 되어서야 페미니즘을 만났고, 그 후로 얼마간은 저의 십대와 이십대를 페미니즘의 관점으로 다시 돌아보느라 많은 시간을 보내야 했습니다. 그에 비해 지금 여러분에게 찾아온 페미니즘은 저의 페미니즘과는 분명히 다른 고민과 어려움, 그리고 즐거움을 가져다줄 거라 생각합니다. 여러분은 아마 우리 사회에서 부정적이든 긍정적이든 페미니즘 교육이 활발한 논의의 장으로 올라온 후에 청소년기를 보내는 첫 세대일지도 모르겠습니다.

여러분이 써 나갈 새로운 길을 두려움을 숨긴 근엄한 표정으로 막아설 사람들이 많이 있을 겁니다. 그러나 그들의 힘을 너무 과대평가하지 마세요. 앞서 말한 관성의 법칙을 잘 설명하는 영상이 하나 있습니다. 물풍선을 바늘로 찌르면 풍선이 터지며 물이 아래로 쏟아집니다. 그런데 그것을 느린 영상으로 다시 보면 물이 쏟아지기 직전에 풍선의 모양을 잠시 유지하는 게 포착됩니다. 한때 자신이 담겼던 풍선의 모양을 찰나라도 붙들고 유지하고 싶어 하는 그 관성. 사회의 혐오와 차별의 관습은 그 찰나의 관성에 불과합니다. 다만 우리 사회는 너무나도 느리게 재생되는 비디오 같아서 답답한 마음이 들 때가 많습니다. 그러나 아무리 버티려고 해도 결국 물은 쏟아지게 되어 있습니다. 지구의 중력이 있는 한은요.

그러고 보니 첫머리에서 제가 한 비유는 영 틀렸다는 생각이 듭니다. 차별과 혐오를 비바람이라는 자연 현상에 빗댄 것은 적절하지 않습니다. 자연 현상은 인간이 어쩔 도리가 없지만, 인간이 만들어 낸 관습과 문화는 바꿀 수 있으니까요. 하지만 시간이 지난다고 저절로 바뀌는 건 아닙니다. 역사적으로 세상을 바꾼 수많은 '모험가'들이 있었어요. 관습에 기대어 혐오와 차별을 계속 반복하는 사람으로 살 것인가, 모험을 하는 마음으로 잘못된 관성들에 저항하고 질문하며 살 것인가. 이건 전적으로 여러분의 선택입니다. 좀 더 평등한 세상에 태어났다면 좋았겠지만 어쩌겠습니까. 우리가 지금 서 있는 이곳에서 선택을 할 수밖에요.

저는 이 글의 독자가 되어 준 여러분께도 함께 모험을 하자고 손을 내밀고 싶습니다.

기울어진 운동장에서
사라지는 여자들

2
대중문화

최지은

멋진 사람들과 재미있는 이야기에 가까이 다가가고 싶어 대중문화 기자가 되었고 10년 동안 열심히 일했다. 하지만 2015년 페미니즘 리부트를 기점으로 그동안 멋지고 재미있다고 생각한 것들을 전부 다시 돌아보게 되었다. 기자를 그만둔 뒤 한국 대중문화와 페미니즘에 대한 책 『괜찮지 않습니다』를 썼고, 전보다 불편하지만 여전히 재미있게 살고 있다.

걸 그룹의 고단한 생존 법칙

여러분은 아이돌을 좋아하시나요? 아주 좋아하는 사람도, 그냥 호
감 있는 사람도, 전혀 관심 없는 사람도 있을 겁니다. 고백하자면,
저는 아이돌을 무척 좋아했습니다. 대중문화 기자가 되는 데 가장
큰 영향을 준 것도 아이돌이었습니다. 잘생기고, 예쁘고, 귀엽고,
다정하고, 무대 위에서 카리스마가 폭발하는 '오빠'들은 제 동경
의 대상이었거든요. 아이돌을 좋아하고 팬 활동, 일명 '덕질'을 하
는 동안에는 제가 살고 있는 평범하고 지루한 세계를 잠시 벗어나
매력적인 사람들과 연결되어 있는 기분이었어요. 콘서트장에서만
느낄 수 있는 뜨거운 에너지, 새 앨범이 발표될 때의 설렘, 좋아하
는 아이돌이 성공하고 행복하길 바라는 마음은 하루하루를 즐겁
게 해 주는 활력소였습니다.

　기자가 되고 나서도 아이돌을 인터뷰하는 것은 즐거운 일이었
습니다. 제가 누군가의 팬이라면 궁금할 법한 이야기를 물어보는
것도 좋았고, 음악 방송 1위 한번 해 보는 게 꿈이라던 신인 그룹
이 성장해 스타가 되는 순간을 보면 덩달아 기뻤습니다. 흔히 "아

이돌은 꿈과 희망을 주는 직업"이라고 말하곤 하는데, 그래서인지 제가 만났던 아이돌들은 대부분 바쁜 스케줄에도 최선을 다해 웃는 얼굴이었습니다. '힘들다'는 말은 거의 하지 않았고, 어쩌다 하더라도 '많은 관심과 사랑에 감사하다'는 말이 꼭 덧붙여졌습니다. 그때 제가 보지 못했던 아이돌의 삶에 대해 생각하게 된 것은 꽤 오랜 시간이 흐른 뒤였어요. 같은 아이돌이지만 '걸 그룹'과 '보이 그룹'의 삶은 또 많이 다르다는 걸 알게 된 것도 마찬가지였습니다.

Mnet <프로듀스 101>이라는 서바이벌 오디션 프로그램을 보신 적이 있을 겁니다. 시즌 1에서는 여성 아이돌 연습생들이 자신을 데려가 달라며 "Pick me! Pick me!"를 외쳤고, 시즌 2에서는

남성 연습생들이 "오늘 밤 주인공은 나야 나!"라고 선언했습니다. 수동적으로 사랑받길 원하는 여성과 적극적으로 쟁취하는 남성의 이미지는 수많은 노래 가사 속에서 반복되며 성역할 고정관념을 강화해 왔습니다. 여성은 욕망의 대상, 남성은 숭배의 대상이 될 때, 각자의 위치는 달라질 수밖에 없습니다. '꿈을 꾸는 소녀들'을 내세웠던 시즌 1의 기획자가 한 인터뷰에서 "남자들에게 건전한 '야동'을 만들어 줘야 한다는 생각"으로 여성판을 먼저 만들었다고 말한 것은 미디어가 걸 그룹에게 원하는 역할이 무엇인지 의심하게 합니다.

　아이돌, 특히 걸 그룹은 대중이라는 고용주 아래서 일하는 사회 초년생 같다는 생각이 들 때가 많습니다. 물론 연예인 자체가 많은 사람의 입에 오르내릴 수밖에 없는 직업이지만, 이 시장에 막 뛰어들어 자리 잡아야 하는 '어린-여성-비정규직' 입장에서는 부당한 요구나 과도한 기대에도 필사적으로 부응할 수밖에 없습니다. miss A의 멤버로 열일곱 살에 데뷔한 수지는 몇 년 뒤 한 토크쇼에서 "어리다고 무시당하는 일도 있고, 사람들이 내게 바라는 건 성숙한 모습과 어른스러운 행동이다 보니 스트레스가 쌓였다."고 털어놓기도 했습니다. 십대 중후반에 데뷔하는 아이돌이 늘어나는 요즘, 너무 일찍 사회생활을 시작한 이들은 엄청난 스트레스에 시달리지만 대중은 약간의 실수도 허용하지 않습니다.

걸 그룹에게는 '표정 논란'이나 '태도 논란', '인성 논란'이 유독 자주 발생합니다. 이것은 걸 그룹 멤버들이 보이 그룹 멤버보다 더 많은 잘못을 저지르기 때문이 아니라, 그들을 향한 잣대가 잘못되어 있기 때문입니다. 잠시 웃지 않은 것이, 무례한 말을 듣고 눈물을 감추지 못한 것이, 브래지어를 하지 않은 것이 정말 잘못일까요? 'Girls can do anything'이라는 문구를 새긴 소품을 들고 찍은 사진을 SNS에 올린 것, 『82년생 김지영』을 읽고 있다고 말한 것은 왜 '페미니스트 논란'이 되었을까요? 이 논란들은 한국에서 걸 그룹 멤버라면 자신의 감정이나 생각을 조금도 드러내지 않아야 욕먹지 않을 수 있다고 말하는 것처럼 보입니다.

하지만 어떻게 해도 욕먹지 않는 것은 불가능합니다. 온라인 매체가 늘어나고 SNS가 발달하면서 아이돌의 일거수일투족은 인터넷에 실시간으로 퍼져 나가고, 쉽게 평가의 대상이 됩니다. 많은 걸 그룹들이 '소녀' 콘셉트를 내세우고 배를 드러내는 짧은 상의와 테니스 스커트, 아동복에 가깝게 작은 사이즈의 무대의상을 입게 되면서 다이어트 강도 또한 높아지다 보니 거식증에 걸리는 멤버도 있습니다. 누구도 남성 아이돌의 체형에는 크게 신경 쓰지 않는 것과 달리, 여성 아이돌의 체중이 조금이라도 늘어나면 '자기 관리 실패'나 '직무 유기'라는 비난 댓글이 쏟아지고 미디어도 "몰라보게 후덕해진 모습" 같은 뉴스 제목을 달며 가세합니다. 이런 분위기 속에서 건강을 지킨다는 선택지는 주어지지 않습니다. 대신 미디어는 날씬한 걸 그룹 멤버들이 '먹방'에 출연해서 애교나 개인기를 보여 주고 체중 따위는 신경 쓰지 않는다는 듯 마음 껏 음식을 먹는 '털털한' 모습만을 보여 줍니다. 그들이 칼로리 높은 음식을 한번 먹고 나면 체형을 유지하기 위해 얼마나 굶고 운동해야 하는지는 보여 주지 않습니다.

게다가 걸 그룹 멤버에게는 성적인 모욕과 루머, 합성사진 등 일일이 대응하기 힘들 만큼 다양한 공격이 가해집니다. 팬 사인회에서 불법 촬영을 하거나, 살해 협박, 테러 예고를 하는 남성들도 있습니다. 그런데 이처럼 아이돌을 둘러싼 과도한 압력과 위험, 인권·사생활 침해 등에 대해 이야기를 꺼내면 "그 사람들은 어린 나이에 돈을 많이 버니까 그 정도 대가는 치르는 게 당연하다."고 말하는 사람들이 많습니다. 특히 걸 그룹에 대해서는 그들의 몸과 마음을 마치 '공공재'처럼 생각하고 권리를 주장할 수 있다고 믿는 남성들도 있습니다. "인기를 먹고 사는 직업을 가졌으니 대중의 일원인 내가 주인"이라는 식이지요. 하지만 사람이 '당연히' 겪어도 괜찮은 괴로움은 없습니다. '그 정도' 대가가 얼마면 적당한지는 아무도 모릅니다. 저는 가끔 인터뷰 때 준비했던 간식을 먹을까 말까 망설이거나 매니저 몰래 먹던 걸 그룹 멤버들을 떠올립니다. 아이돌의 빛나는 무대를 볼 때마다 그 뒤에 가려진 것들을 생각합니다. 모니터 속의 그들이 저와 같은 사람이라는 사실을 잊지 않으려고 노력합니다.

"언니, 여배우 맞아요?"

이제 다른 분야로 시선을 돌려 볼까요? 여러분은 어떤 예능 프로그램을 좋아하시나요? 누가 요즘 제일 재미있다고 생각하시나요? 친구들 사이에서 가장 인기 있는 방송인은 누구인가요? 지금 각자에게 떠오르는 얼굴들이 있을 겁니다. 그렇다면 다시 한번 생각해 보세요. 그중 여성은 몇 명인가요? 여러분이 가장 좋아하는 프로그램에는 여성이 출연하고 있나요?

저는 2006년부터 10년 동안 대중문화 기자로 일했습니다. 이시기 동안 가장 인기 있었던 예능 프로그램은 아무래도 MBC <무한도전>, KBS <해피 선데이―1박 2일>일 겁니다. 저도 이 프로그램들을 무척 재미있게 봤고, '많은 사람들이 좋아하는 것=좋은 것'이라고 생각했습니다. 무언가 이상하다고 느끼기 시작한 건 2015

년쯤부터였어요. 방송사에서는 새로운 프로그램을 내놓는 개편 시즌마다 프로그램을 소개하는 보도자료를 보내 주는데, 정말 많은 프로그램들이 앞의 두 프로그램처럼 '남자끼리' 뭔가를 함께 한다는 데 초점을 맞추고 있다는 사실을 알게 되었습니다. 여행도, 살림도, 육아도, 실험도, 퀴즈도, 심지어 개밥 주는 것까지 남자들만 나오다니, 아예 제목부터 '남자', '수컷', '형(님)'을 내세운 프로그램들도 많았습니다. 그리고 정신을 차려 보니 뷰티, 살림, 결혼, 육아 등 '여자의 몫'처럼 인식되는 특정 분야를 제외한 예능 프로그램에서 여성 출연자들은 거의 사라진 뒤였습니다.

물론 몇몇 뛰어난 여성 예능인들은 이렇게 어려운 환경을 뚫고 나와 다시 활약하기도 합니다. 하지만 여전히 여성이 대중을 웃기는 자리에 서는 것은 어렵습니다. 2018년에 이루어진 한 조사*에 따르면 예능 프로그램 출연자 중 여성이 35.4%, 남성은 64.6%였습니다. 그때만 그랬던 거 아니냐고요? 그 전의 조사 결과**도 비슷합니다. 메인 MC는 남성이 여성보다 다섯 배 정도 많았고, 보조 MC 역시 남성이 두 배 이상 많았습니다. 그런데 눈에 띄는 것은 여성은 주로 삼십대 이하의 출연자가 많고, 남성은 삼십대 이상의 출연자가 많다는 점이었어요. 예능 프로그램에서 '막

* 서울YWCA·한국양성평등교육진흥원, 「2018년 3월 대중매체 양성평등 모니터링 보고서」, 2018. 3.
** 서울YWCA·한국양성평등교육진흥원, 「2017년 7월 대중매체 양성평등 모니터링 보고서」, 2017. 7.

대중문화 – 기울어진 운동장에서 사라지는 여자들

내', '홍일점' 같은 역할을 맡는 것이 주로 젊은 여성이라는 사실을 떠올려 보면 어떤 구도인지 쉽게 짐작할 수 있지요. 그런데 이런 문제에 대해 지적하면 "여자들이 남자보다 재미가 없으니까 못 나오는 것뿐"이라고 말하는 사람들이 무척 많습니다. 정말 그래서일까요? 저는 예능 프로그램을 만드는 PD와 작가들의 생각이 궁금했습니다. 그리고 다음과 같은 대답을 듣게 되었습니다.

"남자 출연자와 여자 출연자에 대한 시청자들의 허용 범위가 달라요. 같은 행동을 하더라도 여자에게는 훨씬 고차원적이고 까다로운 잣대를 들이대죠."

"남자 연예인이 몸 개그를 하면 '제대로 한다'고 칭찬하지만 여자 연예인이 하면 나댄다, 상스럽다고 해요. 여자 연예인들은 뭘 해도 남자보다 훨씬 욕을 많이 먹기 때문에 나쁜 피드백이 쌓이면서 위축되고, '비호감' 낙인이 찍히지 않도록 스스로 검열하다 '노잼'이 되는 경우가 많아요."

"여자 연예인들은 대중에게 자신을 내보이는 일에 큰 스트레스를 받아요. 캠핑이나 여행을 갔을 때 남자가 세수 못 하고 부스스한 모습으로 나오면 '리얼'이다, 귀엽다고 하지만, 여자가 화장을 안 하면 못생겼다고 하고, 화장을 하고 나오면 작위적이라고 해요. 그런 반응들은 제작진 입장에서도 스트레스가 되고, 여성을 섭외하는 걸 망설이게 만들어요."

MBC <나 혼자 산다>라는 프로그램이 있습니다. 혼자 사는 연예인들이 자신의 집을 공개하고 일상을 보여 주는 내용이지요. 그런데 여기에 출연한 한 여성 배우가 '인성 논란'에 휘말린 적이 있습니다. 사람들을 초대해 집들이를 했는데 장 볼 때 고기를 적게 사는 바람에 음식을 좀 모자라게 만들었다는 이유였습니다. '돈 아끼려고 일부러 그랬다.'는 억측이 마구 번져 나가며 이 배우의 SNS에는 수많은 비난 댓글이 달렸고, 그는 결국 고기를 몇 그램 샀는지까지 밝히며 치킨도 시켜 먹었다고 해명하는 사과문을 쓰게 되었습니다. 그런데 이 일은 정말 그렇게 나쁜 행동이었을까요? 손님 접대에 능숙하지 않은 사람이 충분히 저지를 수 있는 실수로, 재미있는 해프닝으로 넘기면 되었을 일입니다. 그렇다면 같은 프로그램에 출연한 남성들은 어떨까요? 집에 초대한 손님에게 요리를 시키거나 음식 투정을 하고, 빨래가 세탁기 속에서 썩어 버릴 만큼 오랫동안 방치하고, 오래 빨지 않아 냄새나는 옷을 촬영에 그대로 가져오기도 합니다. 누군가는 눈살을 찌푸렸을 일이지만, 그들은 이런 일로 사과문을 쓴 적이 없습니다.

모든 사람이 실수하지 않고 항상 바른말과 바람직한 행동만 보여 주는 것은 불가능합니다. 예능 프로그램에서는 출연자의 서투름, 시행착오, 독특한 캐릭터가 훨씬 재미있는 결과로 이어지기도 합니다. 그러나 유독 여성들에게, 남성과 다른, 까다로운 잣대가 들이대진다면 여성들이 보여 줄 수 있는 모습 역시 한정될 수밖에 없습니다. 자신과 주변을 깨끗하게 정리하고, 손님 접대 같은 살림 영역의 일을 센스 있게 척척 해내며, 어떤 일이 일어나도 생글생글 웃는 모습을 보이는 사람이라는 '틀'에서 벗어나기 힘들어지는 것이죠. 반면 상당수의 남성 연예인들의 경우 도박이나 사기, 음주 운전 같은 범죄를 저지른 이후에도 조금 시간이 흐르고 나면 자연스럽게 방송에 돌아옵니다. 자신이 과거에 저지른 잘못을 재미있는 이야깃거리 삼아 새로운 캐릭터를 얻기도 합니다. 이런 이야기를 하면 "예능은 예능일 뿐 다큐로 보지 마라.", "쓸데없이 진지하게 굴지 마라."라고 말하는 사람들도 많습니다. 그러나 시청자들이 예능 프로그램을 가장 엄격하게 보는 것은 여성이 출연했을 때입니다. 그러니 유독 여성 연예인들과 관련된 '인성 논란'이 자주 일어난다는 생각이 든다면, 그 '논란'의 출발점을 자세히 보세요. 그것은 정말 아주 사소한 일인 경우가 많을 겁니다. 잠시 웃지 않았거나, 애교를 보여 주지 않았거나, 자기 의견을 뚜렷하게 밝히는 일 같은 것들이지요. 그리고 남성 연예인에게도 비슷한 기준이 제시되고 있는지 살펴보세요.

물론 이것은 프로그램을 만드는 PD와 작가들이 가장 먼저 고민해야 할 문제입니다. 셰프들이 각자의 요리로 대결을 펼치는 예능 프로그램을 본 적이 있습니다. 실력이 뛰어난 여성 셰프의 모습 위로 갑자기 "나도 여자랍니다."라는 자막이 씌워졌습니다. 한 여성 배우가 라면을 끓여서 냄비를 들고 국물을 마시는 장면에서 옆에 있던 강아지가 "언니, 여배우 맞아요?"라고 놀리는 자막이 나온 적도 있습니다. 왜 여성은 자신의 능력을 보여 줄 때 '여자다움'을 더욱 강조해야 할까요? '여자다움'이란 무엇일까요? 왜 여성이 맛있게 음식을 먹는 모습은 '여배우답지' 못한 걸까요? 그렇다면 왜 예능 프로그램에서는 날씬하고 예쁜 여성들이 음식을 많이 먹는 모습을 유독 좋아할까요? 왜 예능 프로그램에서는 머리카락이 짧거나 운동을 잘하는 여성을 보여 준 다음 '알고 보면 천생 여자'라는 말을 강조할까요? 왜 JTBC <아는 형님>의 남성 출연자들은 여자 연예인을 향해서만 '담배 피우는 것 아니냐?'며 놀려 댈까요? 왜 새로 나온 예능 프로그램 포스터에서 여성의 얼굴은 찾기가 어려울까요? 여성에게 허용되는 웃음의 범위는 어디까지일까요? 저는 이런 질문들이 더 새로운 재미와 만날 수 있는 시작점이라고 생각합니다.

웹툰 속 여성들은 어떻게 살까?

여러분은 스마트폰으로 주로 무엇을 하시나요? 저는 자기 전에 누워서 웹툰을 보며 하루를 마무리합니다. 저는 어릴 때부터 만화를 무척 좋아했습니다. 새 만화 잡지나 단행본이 나오는 날엔 학교 앞 문구점에 달려가 책을 사기도 했고, 친구들과 만화책을 돌려 보거나 부모님 몰래 대여점에서 빌려 보는 일도 많았습니다. 요즘노 일주일에 열다섯 편쯤 만화를 보는데, 예전과 달라진 것은 휴대폰에 깔아 둔 웹툰 애플리케이션으로 좋아하는 작품을 골라

본다는 점입니다. 다양한 소재와 그림체, 새로운 세계관, 흥미진진한 스토리, 매력적인 캐릭터 등 웹툰의 세계는 너무 넓어서 재미있는 작품을 전부 챙겨 보는 게 어려울 정도입니다.

그런데 언젠가부터 즐겁게 웹툰을 보다가 스크롤을 멈추거나 '뒤로 가기'를 누르는 일이 늘어났습니다. 예를 들면, 재난이 일어나 많은 사람들이 정신없이 도망치고 치안은 엉망이 되어 여기저기서 범죄가 발생합니다. 그런데 작품에 등장하는 젊고 예쁜 여성 캐릭터는 하필이면 짧은 치마에 하이힐을 신고, 딱 달라붙는 블라우스를 입고 있습니다. 이 여성이 곤경에 처할 때마다 가슴과 엉덩이 등 특정 신체 부위가 부각되고, 그가 성폭행을 당할 뻔한 장면은 가해자 혹은 구경꾼의 시선에서 최대한 선정적으로 그려집니다. 옷이 물에 젖어 몸에 달라붙거나, 바람이 불어 치마가 뒤집히거나, 갑자기 넘어지거나, 높은 계단을 올라가거나 하는 수많은 이유로 여성의 속옷이 노출되는 장면이 줄거리와 아무 상관 없이 등장하는 작품도 많습니다. 여성의 몸이, 자신의 의사와 무관하게 '서비스'로 제공되는 것이지요. 이때 서비스를 제공받는 상대는 자연스럽게 남성 독자로 상정되고, 여성의 몸은 성적 자극을 불러일으키기 위해서만 존재합니다. 그리고 이런 서비스 컷이 등장한 날에는 "작가님 고맙습니다.", "가리지 말고 더 많이 보여 주세요." 같은 댓글들이 쏟아집니다. 현실뿐만 아니라 가상의 세계에서도 여성을 향한 성적 객체화가 뿌리 깊은데, 또 이를 통해 현실에 살고 있는 사람들이 여성의 성적 도구화를 점점 더 당연하게 여기는 분위기가 굳어지는 과정이지요.

'김치녀'나 '김여사' 등 여성혐오적 표현을 거리낌 없이, 유머 코드로 사용하는 작품도 많습니다. 여자는 사치스럽고, 여자는 운전을 못한다. 사실일까요? 그렇다면 남자는 다 검소하고, 남자는 모두 운전을 잘할까요? 어떤 여자는, 어떤 남자는 그럴 수도, 안 그럴 수도 있습니다. 그렇다면 사치스럽거나 운전을 잘 못하는 사람이 비난받는 것은 당연할까요? 그렇지 않습니다. 이것은 그저, 여성은 스스로 경제력을 가질 수 없다거나 운전은 남성의 영역이라는 낡은 생각에서 나온 말일 뿐입니다. 하지만 이런 말들이 무의식중에 여성에 대한 부정적인 고정관념을 강화하고 우리의 눈과 생각을 편견에 갇히게 만듭니다.

물론 단순히 단어만의 문제는 아닙니다. 얼굴은 예쁘지만 이기적이고, 외모와 명품을 무기 삼아 다른 여자들을 무시하고 괴롭히며, 남자를 제멋대로 이용하는 여성 캐릭터 하면 누가 떠오르시나요? 그 캐릭터 때문에 화가 난 적이 있으신가요? 댓글에서는 어떤 말들이 나왔나요? 여적여?* 민폐녀? 악녀? 김치녀? 무개념녀? 그렇다면 남성 캐릭터가 나쁜 짓을 할 때는 어땠나요? 남성 캐릭터의 악행은 개인의 잘못으로 비춰질 뿐, 전형적인 남성의 행동 패턴처럼 그려지거나 같은 성별 전체의 문제로 불리지 않습니다.

* '여자의 적은 여자'의 줄임말로, 두 명의 여성이 대립하고 갈등하는 서사적 구도를 의미합니다.

<뷰티풀 군바리>나 <외모지상주의>처럼 '얼굴은 예쁜데 개념 없는 여자' 캐릭터를 내세워 '욕받이'처럼 사용하는 웹툰도 있습니다. 배를 걷어차이거나 주먹으로 얼굴을 얻어맞아, 예뻤던 모습과 달리 처참하게 무너진 여성의 모습을 생생하게 클로즈업하는 연출은 '맞아도 싼 여자'에 대한 징벌을 통해 흔히 '사이다'라 불리는 카타르시스를 제공합니다. 작품 안에서 이 여성들은 눈치 없거나, 거만하거나, 남에게 피해를 주는 모습을 보여 왔기에 독자들 역시 이들이 잔인하게 폭행당할 때 '통쾌하다', '참교육이다' 같은 반응으로 동조하기 쉽습니다. 하지만 폭력을 정당화하는 세계관에 익숙해지고 폭력에 무뎌지는 것은 그렇게 웃어넘길 일이 아닙니다. 특히 권력이나 물리력이 강한 쪽이 일방적으로 가하는 폭력은 멋진 것도, 속 시원한 것도 아닙니다.

많은 웹툰의 소재인 로맨스 속에도 함정은 있습니다. <연애혁명>에서 남자 고등학생 공주영은 자신이 좋아하는 여학생 왕자림이 가는 곳마다 따라다니며 좋아하는 감정을 드러냅니다. 왕자림이 그만 좀 하라고 해도 공주영이 끈질기게 관심을 보이자 친구들 사이에도 둘에 대한 소문이 납니다. TV 드라마에서도 종종 볼 수 있는 모습으로, 상대의 감정이나 상황을 생각하지 않고 일방적인 애정 공세를 펼치는 것은 그 사람을 배려하지 않는 행동이고 사랑이 아니라 폭력입니다. 그러다가 왕자림과 공주영은 결국 사귀게 되는데, 공주영은 왕자림의 휴대폰 비밀번호를 풀려고 하다가 들켜서 금세 이별을 통보받습니다. 연애를 하다 보면 상대방에 대해

누구보다 많은 것을 알고 싶어질 수도 있지만, 그렇다고 해서 두 사람이 모든 것을 공유하거나 한쪽이 보여 주길 원하지 않는 부분까지 알 권리는 없습니다.

그렇게 헤어진 뒤에도 다시 왕자림을 따라다니던 공주영은 마침내 화가 치밀어 바나나맛 우유를 집어 던지고 왕자림에게 욕을 합니다. 그런데 이때 많은 독자들은 '나쁜 남자'가 된 공주영이 멋지다는 반응을 보였습니다. '나쁜 남자'란 무엇일까요? 자신의 마음을 받아 주지 않는다고 물건을 집어 던지고 욕하는 상대에게 왜 설레는 걸까요? 그건 진짜 설레는 감정일까요, 아니면 우리가 남성의 강압적인 행동을 로맨틱한 모습으로 잘못 배워 왔기 때문일까요? 이 작품에서 왕자림의 감정이나 행동의 이유는 충분히 중요하게 다뤄졌을까요? 왕자림의 친구들은 왜 왕자림보다 공주영의 입장을 더 생각했을까요? 왜 여성의 NO는 YES로 해석될까요? 여러분이 좋아하는 작품 속 로맨스에서 YES와 NO는 어떻게 그려지고 있나요? 웹툰과 함께 '데이트폭력'에 대한 기사를 읽으면 어떤 생각이 드나요? 현실 속 여성들의 NO는 충분히 받아들여지고 있을까요?

다행히 여성의 이야기를 더 깊게 고민하고 적극적으로 보여 주는 웹툰은 점점 늘어나고 있습니다. <내 아이디는 강남미인>은 우리 사회의 외모 '코르셋'*이 여성들을 얼마나, 어떻게 억압하고

* 배와 허리 둘레를 졸라매어 체형을 보정하기 위해 착용하는 여성용 속옷을 의미하

있는지 보여 주고 그로부터 벗어날 방향을 제시합니다. <여중생
A>는 외롭고 우울한 생활을 하던 미래가 새로운 친구와의 만남과
우정을 통해 어떻게 세상에서 자신의 자리를 찾으며 살아가는지
이야기합니다. 그 밖에도 많은 작품들이 지금 이 시대를 살아가
는 사람들의 꿈과 욕망, 고민을 각자의 세계 안에 담아내고 있습
니다. 그 이야기 안에서 여성의 자리는 얼마나 있는지, 여성 캐릭
터들이 어떤 능력과 개성을 가지고 있는지, 그들은 어떻게 사회와
관계 맺고 있는지 관찰해 보면 재미있을 겁니다. 그리고 여러분이
작가라면 그리고 싶은 세계를 새롭게 상상해 보는 것도 즐거울 거
라고 생각합니다.

이렇게 대중문화 속 여성혐오와 페미니즘에 대한 이야기를 하
다 보면, 세상에 불편한 게 그렇게 많아서 무슨 재미로 사느냐는
말을 듣기도 합니다. 사실, 기자로 일할 때 제가 가장 좋아했던 댓
글 반응은 "ㅋㅋㅋㅋㅋㅋㅋㅋㅋ"였습니다. 관심받는 걸 좋아했던
저는 많은 사람들이 재미있다고 생각하는 게 진짜 재미있는 거라
고 믿었고, 제 글이 사람들을 웃게 만들면 뿌듯했습니다. 하지만
지금 돌아보면 그렇게 쓴 글이 부끄러울 때가 많습니다. 페미니스
트로 살아가려 노력하면서부터 저는 '재미'와 함께, 혹은 재미보

나, 여성에게만 과도하게 강요되는 외모 규범을 뜻하는 말로도 쓰입니다. 2015년 페미
니즘 리부트 이후로는 한국 사회에서도 후자의 의미로 흔히 쓰이고 있습니다.

다 먼저 고민해야 할 것을 생각하곤 합니다. 누군가의 상처를 농담의 소재로 삼지 않고, 성역할 고정관념을 담은 말을 하지 않고, 약자를 비하하는 표현을 사용하지 않는 것 정도는 아주 기본적인 기준이지만, 아차 하는 사이에 이마저도 지키지 못할 때가 있습니다. 게다가 차별과 혐오를 거르지 않거나 아예 전면에 내세우는 대중문화 콘텐츠들은 '쓸데없이 진지한 척'해 봤자 소용없다고 비웃는 것처럼 보이기도 합니다. 그러나 보이지 않던 것들이 한번 보이게 되자, 더 이상 그 문제가 없는 것처럼 아무렇지 않게 넘길 수는 없게 되었습니다. 저만 그렇게 생각하는 사람이 아니라는 것을 알고 힘을 얻기도 합니다. 여러분은 요즘 무엇을, 어떻게 보고 있을지, 누구와 이야기 나누고 있을지 궁금합니다. 제가 여기서 다 하지 못한 많은 이야기는 언젠가 또 나눌 수 있을 거라 생각합니다. 그때 여러분의 이야기를 들을 수 있으면 좋겠습니다.

내 것이 아닌 존재와의
만남과 이별

3
사랑과 연애

김고연주

대학원에 진학해 여성학을 본격적으로 공부하면서 김고연주가 되었다. 연구하고 강의하고 책을 쓰다가 2017년부터 서울시 젠더자문관으로 일하고 있다. 페미니스트로 정체화한 지 어언 20년이 되어 가지만 여전히 페미니스트로 살기 어렵다. 그래도 요즘처럼 힘이 날 때가 없었다. 페미니즘의 부상 덕분에 서울시 안팎에서 힘을 받고 있기 때문이다. 우리 사회의 변화가 반갑고 놀랍고 고마울 따름이다. 지은 책으로 『길을 묻는 아이들』, 『조금 다른 아이들, 조금 다른 이야기』, 『우리 엄마는 왜?』, 『나의 첫 젠더 수업』, 『소녀, 설치고 말하고 생각하라』(공저) 등이 있다.

사람이 사람일 수 있는 이유

"바둑에서 컴퓨터가 사람을 이기기 위해서는 100년 이상이 걸릴지 모른다."

1997년 5월 11일, 딥 블루(Deep Blue)라는 컴퓨터 프로그램이 당시 체스 세계 챔피언 가리 카스파로프를 2승 3무 1패로 이겼습니다. 가리 카스파로프는 무려 16년 동안이나 세계 챔피언 자리를 지켰기 때문에 그의 패배 소식에 세계는 깜짝 놀랐습니다. 하지만 컴퓨터 전문가들은 가리 카스파로프의 패배에도 담담한 모습을 보였던 것 같아요. 체스와는 비교도 안 되게 복잡하고 어려워 인공지능(AI, artificial intelligence)에게는 난공불락으로 평가받는 바둑이 딱 버티고 있었으니까요. 인공지능이 바둑을 이기기 위해서는 미묘하고 복잡한 패턴을 인지해야 하고 인간 사고의 특징인 직관력이 필요한데, 컴퓨터가 이런 능력을 지니기는 너무 어렵다고 생각한 것이죠. 그래서 전문가들은 만일 컴퓨터가 바둑 세계 챔피언을 이기는 날이 온다면 이는 인공지능이 사람에 가까워졌다는 사실을 의미하는 것이고, 그런 날은 좀처럼 오지 않을 것이라고 전

사랑과 연애 – 내 것이 아닌 존재와의 만남과 이별

망했습니다.*

하지만 전문가들의 예상은 처참히 빗나가고 말았어요. 백년은 커녕 불과 20년 만인 2016년에 알파고(구글이 개발한 인공지능 바둑 프로그램)가 이세돌 9단을 무려 4 대 1로 이겼으니까요. 인간 대표인 이세돌 9단과 인공지능 대표인 알파고의 대결에서 누가 이길지 숨죽여 지켜보던 인류는 이세돌의 패배에 당황할 수밖에 없었어요. 인공지능의 급격한 발달로 수많은 일자리가 사라지고 있지만, 그래도 인공지능이 대체할 수 없는 인간만의 영역이 남아 있다는 믿음이 있었거든요. 특히, 바둑은 인간이 만든 가장 복잡하고 정교한 게임으로, 인간이 인공지능에 맞설 수 있는 '최후의 보루'로 여겨져 왔습니다. 그 최후의 보루가 무너졌다는 사실은 인류에게 큰 충격이자 공포일 수밖에 없었습니다. 스스로 학습하는 능력을 지닌 알파고는 이후에도 승승장구해 바둑에서는 더 이상 경쟁자가 남아 있지 않다며 2017년 5월에 은퇴를 선언했어요. 알파고의 은퇴로 이세돌 9단이 알파고를 꺾은 '유일한 인류'로 남게 됐지요.

여러분도 알파고로 대표되는 인공지능의 발달을 보면서 기대되기도 하고, 심란하기도 할 거예요. 인간보다 더 뛰어난 인공지능을 갖춘 로봇이 등장하면 이제 인간은 어떻게 살아남아야 할까

* 「To Test a Powerful Computer, Play an Ancient Game」, 『뉴욕타임스』, 1997. 7. 29.

요. 거기다 외양마저 차가운 금속이 아닌 인간의 모습을 하고 있다면 말이에요.

이와 관련해서 흥미로운 연구가 있어요. 미국 MIT와 펜실베이니아대 연구진이 1,089명을 대상으로 인간과 로봇을 구별하는 한 단어를 무엇이라고 생각하는지를 조사했습니다.

"심판관 앞에 당신과 똑똑한 로봇이 함께 서 있다고 상상해 보십시오. 심판관을 볼 수는 없습니다. 심판관은 둘 중 누가 사람인지 가려낼 것입니다. 심판관이 사람이라고 생각하는 자는 살 것이고, 로봇이라고 생각하는 자는 죽을 것입니다. 당신과 로봇은 둘 다 살고 싶어 합니다. '영어 사전에서 한 단어를 골라 제출하십시오. 이 단어에 근거해 누가 사람인지 판단하겠습니다.' 당신은 어떤 단어를 선택하겠습니까?"

사람인지 로봇인지 겉모습만 봐서는 구별이 어려울 정도가 돼버린 세상에서, 사람이면 살고 로봇이면 죽는 생과 사의 갈림길에 놓여 있다고 상상해 보아요. 내가 말하는 단어 하나로 살 수도 있고 죽을 수도 있는 절체절명의 순간입니다. 실험 참여자들은 떨리는 마음으로 자신이 사람이라는 사실을 증명할 수 있는 단어가 무엇일지를 신중하게 고르고 골랐을 거예요. 과연 어떤 단어들이 꼽혔을까요? 절대 다수인 85%가 감정이나 지각 등 마음과 관련된 단어를 답했다고 합니다. 나머지 15%는 생각 및 행동과 관련된 단어를 말했고요. 그렇다면 가장 많이 꼽힌 단어는 무엇이었을까요?

바로 '사랑'이었답니다(134명, 14%).*

　최고의 인공지능을 탑재하고 사람 같은 외모를 한 로봇일지라도, 사랑이라는 감정을 느끼고 사랑이 담긴 행동은 하지 못할 거라고 많은 사람들이 생각하는군요. 사랑이 로봇과 인간을 구별해 주는 인간다움의 결정체라는 생각에 여러분도 동의하나요?

어떻게 사랑이 변하니?

사랑이란 무엇일까요? 여러분은 언제 사랑의 감정을 느끼나요? 사랑은 언어로 정의 내리기 어려운 감정임에는 틀림없어요. 고려대 한국어대사전은 '사랑하다'를 "낭만적이거나 성적인 매력에 끌려 애틋하게 그리워하고 열렬히 좋아하다.", "매우 좋아해서 아끼고 즐기다."라고 정의하고 있어요. 이렇게 사랑을 두 개의 문장으로 나누어 정의하고 있는 것은 가족, 친구, 동료, 동물, 물건 등에 대한 사랑과는 달리 연인에 대한 사랑에는 낭만과 성이 더해지기 때문일 겁니다. 특별한 감정인 사랑을 더욱 특별하게 하는 낭만과 성 때문에 많은 사람들이 '사랑' 하면 연인 간의 사랑을 먼저 떠올릴 거예요.

　수많은 사람들 중에서 내 마음에 드는 사람을 만나고, 그 사람

* 「로봇과 인간 구별하는 한 단어 고른다면?」, 『한겨레』, 2018. 10. 5.

이 결점투성이인 나를 좋아
해 주고, 서로를 좋아하는
시기가 일치해서 연인 관계
가 되기란 정말 어렵지요.
또 어렵게 연인이 된다 하
더라도 처음 느꼈던 매력과,
시간을 함께 보내면서 생긴
친밀감의 균형을 유지하기

태초의 인간

도 쉽지 않고요. 그래서 사람들은 '천생연분', '반쪽'이라는 말들을
쓰는 걸 거예요.

'하늘에서 정해 준 것 같은 꼭 맞는 나의 반쪽'이라니 얼마나
근사하고 행복할까요. 하지만 사랑하고 사랑받고 싶어도 좀처럼
풀리지 않는 문제가 있어요. 도대체 나의 반쪽은 어디에 꼭꼭 숨
어 있느냐 말이죠. 고대 그리스 철학자 플라톤이 쓴 『향연』**에서
아리스토파네스라는 희극 작가는 사람들이 자신의 반쪽을 만나기
어려운 이유를 설명했습니다. 태초의 인간은 얼굴이 두 개, 팔다
리가 여덟 개, 귀가 네 개였고, 둥글게 생겼었다는 거예요. 이들은
빠르게 굴러다녔고, 팔다리가 여덟 개라 힘도 셌으며, 야심도 대
단해 신에게 도전했습니다. 이들은 신들과 싸우기 위해 하늘로 올

** 토마스 L. 쿡시가 쓰고 김영균이 옮긴 『플라톤의 「향연」 입문』(서광사, 2013)에 따
르면, 『향연』은 "사랑의 힘과 본성 그리고 그것이 윤리학, 인식론, 존재론의 문제들과
어떻게 관련되는지 탐구하는 작품"입니다.

라가려고도 했대요. 제우스는 신에게 도전하는 인간들이 괘씸해 두고 볼 수 없었어요. 어떻게 할지 고민하던 제우스는 인간들을 반으로 갈라 버렸습니다. 그러고는 살가죽을 끌어다 배 한복판에 매듭을 지어 배꼽을 만들었지요. 신에게 도전하면 어떻게 되는지 인간들에게 교훈을 주려고 말이죠. 몸이 둘로 갈라진 인간들은 그리운 반쪽을 찾아 헤매며, 서로 껴안고 하나가 되려는 욕망이 불붙게 되었답니다.

정말 흥미로운 이야기지요? 게다가 마치 두 명의 인간이 등을 붙이고 있는 것 같은 모습을 한 태초의 인간은 남자남자, 여자여자, 여자남자 이렇게 세 부류가 있었다고 합니다. 남자남자는 태양의 후예, 여자여자는 지구의 후예, 여자남자는 달의 후예라지요. 그러니 이 이야기에 따르면 나의 반쪽이 여자일 수도 있고 남자일 수도 있겠군요. 여자만, 또는 남자만이 아니라 온 인류 중에서 자신의 잃어버린 반쪽을 찾아야 하니 얼마나 어렵겠어요.

나의 반쪽을 손꼽아 기다리다 마침내 반쪽을 만났다고 확신했는데 지나고 보니 반쪽이 아닌 경우도 허다합니다. 알랭 드 보통의 『왜 나는 너를 사랑하는가』(청미래, 2007)라는 소설의 주인공도 그랬어요. 주인공은 파리에서 런던으로 가는 비행기에서 클로이를 처음 만났어요. 주인공은 옆자리에 앉은 클로이와 대화를 나누면서 클로이를 사랑하게 되었죠. 클로이를 만난 직후 그녀를 '필생의 사랑'이라고 부를 수 있다고 생각했습니다. 주인공은 클로이를 알아 갈수록 더욱 마음에 쏙 들었어요. 이쯤 되면 주인공이 소위

'금사빠'('금방 사랑에 빠지는 사람'의 줄임말) 아니냐고요? 아니에요. 주인공은 여태까지 연인이 있어도 서로를 이해하지 못하고, 외로움이 사라지지 않는 연애를 반복하면서 운명적인 상대를 간절히 기다리고 있었거든요. 그런 주인공에게 클로이는 지금까지 만났던 사람들과는 다른 특별한 존재였어요.

주인공은 "나는 그녀에게서 내가 평생 서툴게 찾아다녔던 바로 그 여자, 나의 꿈에서 예고된 자질을 갖춘 존재를 확인했다. 그녀의 웃음과 눈매, 유머 감각과 책에 대한 취향, 불안과 지성은 내 이상과 완벽하게 들어맞았다."고 말합니다. 클로이가 자신의 인생을 "완성해 주었다."고 느꼈죠. 이러한 감정은 주인공만 느낀 것이 아니었어요. 클로이도 마찬가지였습니다. 그들은 "우리가 서로에게 운명 지어졌다."고 생각했지요. 서로 운명이라고 믿었던 이들의 연애는 어떻게 되었을까요? 동화의 엔딩처럼 오래오래 행복하게 살았을까요? 그렇지 않았답니다. 이들도 여느 연인들처럼 다툼과 화해를 반복하다가 결국 헤어졌어요. 그것도 클로이가 주인공의 친구와 바람이 나서요. 주인공은 너무 큰 충격을 받아서 자살을 생각할 정도였습니다. 클로이가 밉고 원망스러웠지만, 주인공은 좀처럼 이별을 받아들일 수가 없었어요. 언제라도 통화할 수 있을 것 같았고, 어디서든 만날 수 있을 것 같았죠. 집에도, 거리에도 온통 클로이의 흔적투성이였습니다. 그녀의 빈자리를 깨달을 때마다 심장을 찔리는 것처럼 고통스러웠어요. 그런데 몇 달 후 주인공은 문득, 자신이 클로이도, 이별의 슬픔도 잊어버렸다는 사실을 깨닫습니다. 클로이와의 이별 때문에 평생 괴로울 것 같았는데 자신의 변해 버린 감정이 당황스러울 뿐이었어요. 그러던 어느 날 주인공은 저녁 모임에서 만난 레이첼의 눈에 푹 빠져듭니다. 다시 사랑을 시작한 것이죠.

사랑은 움직이는 거야

주인공이 그토록 기다려 온 운명의 상대라고 확신했던 클로이도 결국엔 반쪽이 아니었군요. 오히려 주인공이 만났던 연인들 중에서 가장 큰 상처를 준 사람일지도 모르겠어요. 이렇게 연애는 기쁨과 슬픔, 행복과 고통이 공존하기에 달콤쌉쌀한 초콜릿 같다고들 하지요. 지속되는 연애보다는 헤어지는 연애가 더 많게 마련이고요. 첫사랑하고 결혼하는 경우도 드물거니와 '정말 이 사람이 나의 반쪽이야.'라는 믿음을 가지고 결혼해도 결국 이혼하는 부부가 많다는 사실은 여러분도 잘 알고 있지요? 통계청에 따르면 2017년 한 해 동안 우리나라 이혼 건수는 10만 6,032건으로 OECD 35개국 중 아시아에서 이혼율 1위라고 해요. 이뿐 아닙니다. 이혼을 하고 싶어도 자식, 경제력, 주위의 시선 등 여러 가지 이유 때문에 할 수 없이 참고 사는 부부도 많다는 사실을 떠올린다면 사랑과 이별은 떼려야 뗄 수 없다는 것을 알 수 있어요.

고등학교 졸업 후 본격적으로 연애를 하는 이삼십대도 사랑과 이별을 여러 번 경험할 뿐 아니라 그런 경험이 '필요하다'고 생각하고 있었어요. '대학내일 20대 연구소'가 2017년에 전국의 20~39세 남녀 400명씩 총 800명을 대상으로 설문 조사를 실시해 「2039 행복의 조건: 밀레니얼 세대가 말하는 진짜의 YOLO」라는 보고서를 발표했어요. 이 중 '결혼 전 적정 연애 횟수'에 대한 답변을 보면 평균 5.7회(여 6.06회, 남 5.37회), 미혼(558명) 6.11회, 기혼(242명) 4.81회였어요. 남성보다 여성이, 기혼자보다 미혼자가 더 많은 연애가 필요하다고 생각하는군요. 5.7번 정도의 만남과 헤어짐을 겪어 봐야 연애를 통해 자신을 알게 되고, 상대방과 소통하고 맞춰 가는 방법을 배우게 되고, 연애나 결혼을 해도 괜찮을 것 같은 사람을 선택하는 눈을 키울 수 있다고 생각한다는 의미일 겁니다.

이렇게 보면 우리는 지금까지 연애에 골몰하면서도 그 기쁨과 행복만을 생각했지, 연애의 일부이자 필연인 이별에 대해서는 진지하게 생각해 보지 않았다는 사실을 알 수 있어요. 이별이 고통인 것만이 아니라 이별을 통해 성장할 수 있고, 나와 더 잘 어울리는 사람을 찾는 과정일 수 있다는 것을 말이죠.

손꼽아 기다리던 만남도 귀찮아지고, 뜨거웠던 가슴도 미지근해지고, 반짝이던 눈도 흐리멍덩해지고, 재잘대던 입도 무거워지고, 짜릿하던 스킨십도 무덤덤해지고…… 이런 변화를 겪으면서 연인들은 이별을 떠올리게 됩니다. 결혼정보회사 듀오가 2018년에 미혼 남녀 374명(남 195명, 여 179명)을 대상으로 실시한 '이별

직감 순간'에 대한 응답을 살펴보면 남성은 상대방이 '함께하는 시간을 의무감에 보내고 있거나, 즐거워하지 않을 때'(17%), '연락 횟수가 점차 뜸해질 때'(12.4%), '데이트를 간결하게 끝내거나, 늘 피곤해할 때'(8.8%), '보고 싶다는 말에 응답이 없거나 '나도'란 대답뿐 행동은 없을 때'(8.1%), '눈빛 변화'(7.1%) 등을 꼽았어요. 여성은 '연락 횟수가 점차 뜸해질 때'(17.7%), '함께하는 시간을 의무감에 보내고 있거나, 즐거워하지 않을 때'(14.8%), '나의 일상에 큰 관심이 없고, 질투하지 않는 모습을 볼 때'(12.3%), '함께할 시간이 생겨도 내가 아닌 친구와 보낼 때'(7%), '우리의 미래 계획이 없을 때'(7%) 등을 이별 직감 순간으로 꼽았고요.

안전을 걱정해야 하는 썸과 데이트

사귀다 보면 감정과 태도의 변화를 겪게 됩니다. 상대방의 감정만 식는 것이 아니라 자신의 감정도 식게 마련이에요. 이런 변화를 겪으면서 관계를 유지하는 연인들도 있지만, 많은 연인들이 이별을 합니다. 너무 안타깝고 슬프다고요? 하지만 어떻게 보면 연인이 되었다가 이별을 하는 것이 행운인 건지도 몰라요. 자신이 좋아하는 사람과 연애를 시작조차 하지 못하는 경우도 태반이니까요. 모든 관계와 마찬가지로 연인 관계도 서로 마음이 맞아야 관계를 시작할 수 있고 또 유지할 수 있어요. 둘 중에 한 명이 사귀고 싶어 하지 않거나, 연인 관계를 끝내고 싶어 한다면 연인일 수 없지요. 저 사람과 사귀고 싶은데, 또는 저 사람과 계속 만나고 싶은데 상대방이 거부한다면 슬픔, 아픔, 미움, 원망, 증오 등 여러 감정을 느끼게 될 거예요. 그렇지만 내가 상대방을 진심으로 사랑하고, 정말 잘해 줄 자신이 있고, 내 마음을 몰라줘서 죽을 것처럼 아프고, 내 마음을 받아 주지 않는 이유가 도대체 이해가 안 가더라도 상대방이 거부한다면 두 사람은 연인일 수 없습니다. "둘 다 동의해야 연인이 될 수 있다." 이것이 연인 관계의 핵심이에요.

너무 당연한 이야기 아니냐고요? 그런데 "한 명이 거부하면 연인 관계는 성립할 수 없다.", "사랑이라는 감정과 연인 관계는 강요할 수 없다."는 당연한 원리를 받아들이지 못하는 사람들이 적지 않습니다. 특히나 상대방이 나에게 호감이 있는 것 같거나 심지어 불타는 연애를 했던 사이였다면 더욱 미련을 버리지 못하곤 합니다. 하지만 사실 상대방이 호감을 가지고 있다는 믿음이 자신의 착각인 경우도 많고, 설령 불타는 연애를 했더라도 그것은 지나간 과거일 뿐이에요. 상대방이 나의 마음을 받아 주지 않거나 마음이 변했을 때 내가 할 수 있는 '유일한' 행동은 그 사람의 감정과 선택을 존중하는 거예요. 상대방의 거절을 받아들이지 않고 '열 번 찍어 안 넘어가는 나무 없댔어.', '언젠가는 내 진심을 알아 줄 거야.', '너 없이는 못 살아.'라고 생각하며 일방적으로 감정과 관계를 강요하면 그것은 사랑이라는 탈을 쓴 집착이자 괴롭힘이 되고 맙니다.

이런 괴롭힘을 데이트폭력이라고 하지요. 데이트폭력은 호감을 가지고 만나는 관계나 연인 관계에서 일어난 폭력을 말합니다. 상대에 대한 통제, 성적 폭력, 언어폭력, 정서적 폭력, 경제적 폭력, 신체적 폭력 등으로 구분할 수 있어요. 특히 여성이 피해자가 되는 사례가 많아 '여성을 대상으로 한 폭력'(violence against women)의 하나로 보기도 합니다(Daum백과, 데이트폭력).

'데이트'와 '폭력'은 서로 가장 멀리 있는 단어로 좀처럼 만날 일이 없을 것 같지만 현실은 그렇지 않아요. 우리나라에서 데이트폭력을 당하는 여성들은 굉장히 많습니다. 한국형사정책연구원의 연구 보고서*에 따르면 여성과 남성 각각 2,000명을 대상으로 데이트폭력 피해 및 가해 실태를 조사한 결과 전체 여성 응답자의 5분의 4 정도인 1,605명(80.3%)이 데이트폭력 피해 경험이 있었습니다. 유형별로는 성추행 피해 35.5%, 심리적·정서적 폭력 피해 35.2%, 성폭력 피해 20.3%, 신체적 폭력 피해 19.4%, 상해 피해 6.8%로 나타났습니다. 실제로 경찰청에 따르면 데이트폭력 사범은 꾸준히 증가해 2013년 7,237명, 2014년 6,675명, 2015년 7,692명, 2016년 8,367명, 2017년에는 집계 후 처음으로 1만 명을 넘은 1만 303명이었습니다.**

데이트폭력 피해는 그 숫자도 많을 뿐 아니라 정도도 매우 심

* 홍영오·연성진·주승희, 「여성 대상 폭력에 대한 연구: 친밀한 관계에서의 폭력을 중심으로」, 한국형사정책연구원, 2015.
** 「데이트폭력으로 한 달 평균 8명 숨진다…… 해결책 없을까」, 연합뉴스, 2018. 2. 17.

저... 다영아.

아까 성우랑 얘기하던데 무슨 얘기 했어?

독서부 모임, 언제가 좋은지 물어보라고.

아... 그렇구나. 너무 친해 보여서... 다음부터는 같이 얘기하자. 괜찮지?

응, 뭐지?
아무리 남자 친구라도 이렇게 간섭하는 건 옳지 않은데.
이런 내 생각을 얘기하면 상처받겠지?

각합니다. 한국여성의전화에 따르면 2017년 한 해 동안 남편이나 애인 등 친밀한 관계에 있는 남성에 의해 살해된 여성은 최소 85명, 살인미수 등으로 살아남은 여성은 최소 103명이었습니다. 피

데이트폭력, 이럴 땐 의심해 보세요

데이트 상대가 다음과 같은 행동 중 하나라도 한다면, 위험 신호일 수 있습니다. 그냥 넘어가거나 혼자 고민하지 말고 꼭 상담하세요. 주변에서 데이트폭력으로 의심되는 상황이 있을 때도 함께 이야기 나누어 볼 수 있습니다.

☐ 큰 소리로 호통을 친다.
☐ 하루 종일 많은 양의 전화와 문자를 한다.
☐ 통화 내역이나 문자 등 휴대전화를 체크한다.
☐ 옷차림이나 헤어스타일 등을 자기가 좋아하는 것으로 하게 한다.
☐ 다른 사람들을 만나는 것을 싫어한다.
☐ 날마다 만나자고 하거나 기다리지 말라는데도 기다린다.
☐ 만날 때마다 스킨십이나 성관계를 요구한다.
☐ 내 과거를 끈질기게 캐묻는다.
☐ 헤어지면 죽어 버리겠다고 한다.
☐ 둘이 있을 때는 폭력적이지만 다른 사람과 함께 있으면 태도가 달라진다.
☐ 싸우다가 외진 길에 나를 버려두고 간 적이 있다.
☐ 문을 발로 차거나 물건을 던진다.

출처: 한국여성의전화, 『F언니의 두 번째 상담실: 데이트폭력 대응을 위한 안내서』, 2018.

해 여성의 자녀, 부모, 친구, 이웃 등 주변인이 중상을 입거나 생명을 잃은 경우도 최소 55명에 달했습니다. 이러한 수치는 한국여성의전화가 2017년 한 해 동안 신문 등 언론에 보도된 살인 사건만을 집계한 것입니다. 실제 수치보다 적은 수치인 것이죠. 살인 및 살인미수 가해자 188명이 밝힌 범행 동기는 피해 여성이 '이혼이나 결별을 요구하거나 가해자의 재결합 및 만남 요구를 거부해서'가 66명(35%)으로 가장 많았습니다. 다음으로 '화가 나서 우발적으로' 43명(23%), '다른 남성과의 관계에 대한 의심 등 이를 문제삼아서' 24명(13%), '자신을 무시해서' 16명(9%), '성관계를 거부해서' 3명(2%)으로 나타났습니다.

보다 구체적으로 살펴보면 가해자들이 밝힌 이유는 다음과 같았어요. '좋아해서', '잘 만나 주지 않아서', '헤어지자고 해서', '청혼을 거부해서', '동거를 거절해서', '위장 이혼을 안 해 줘서', '술을 못 마시게 해서', '술을 마셔서', '외박을 해서', '명절에 시댁에 가지 않아서', '잠을 깨워서', '짜증을 내서', '밥을 달라는 자신의 말에 대답하지 않아서', '다른 여자관계를 추궁해서', '헤어진 여성이 다른 남자와 함께 있는 모습을 보고', '빌린 돈을 갚으라고 재촉해서', '현금서비스를 못 받게 해서', '데이트 비용을 돌려받기 위해', '과거 폭행 사실을 고소하겠다고 해서', '성관계 동영상을 지워 달라고 해서', '일을 그만두라고 하기 위해'…….* 이것들이

---

* 한국여성의전화, 「2017년 분노의 게이지: 친밀한 관계에 있는 남성에게 살해당한 여

사랑과 연애 ─ 내 것이 아닌 존재와의 만남과 이별

친밀한 관계에 있는 여성 살해 또는 살인미수의 이유라니 도저히 믿어지지 않지요.

가해자들의 범행 동기를 보면 이들이 여성을 자신의 소유물로 생각한다는 사실을 알 수 있어요. 자신의 말을 듣지 않는다는 이유로 여성과 그 주변인을 때리고, 납치하고, 칼로 찌르고, 염산을 붓고, 성폭행하고, 죽이고 있습니다. 데이트폭력은 여성을 소유물로 보고 집착하는 데 기인하기 때문에 연령을 가리지 않고 발생합니다. 십대들도 예외가 아니죠. 십대들도 썸을 타고 연애를 하니까요. 경찰청에 따르면 2018년 1월부터 8월까지 데이트폭력 가해자 8,985명 중 십대는 286명(3.2%)에 달했습니다. 하지만 우리 사회가 여전히 십대들의 연애 자체를 반기지 않기 때문에 데이트폭력에 대해서는 더욱 무관심하고 무지할 수밖에 없습니다. 어른들 몰래 연애를 하게 마련인 십대들은 데이트폭력을 당해도 혼자 공포에 떨면서 누구에게 말도 못 하는 경우가 적지 않을 거예요. 실제로 데이트폭력을 당했던 강은정 양(17. 가명)은 "학생이 연애를 왜 해야 하며 공부가 우선이라는 부모님을 생각하면 말을 꺼낼 엄두가 나지 않았다."고 털어놨습니다.*

성 통계 분석」, 2018.
* 「당해도 혼자서 꿍꿍 '십대 데이트폭력'…… 작년 신고만 315건」, 『뉴시스』, 2018. 11. 18.

'성적 자기 결정권'은 자신의 의지나 판단에 따라 자율적이고 책임 있게 성적 행동을 결정하고 선택할 권리를 의미합니다. 모든 사람은 자신이 원하지 않는 성적 행위를 거부하고 반대할 수 있는 권리를 지니죠. 따라서 상대가 원하지 않는 성적 행위는 아무리 사소한 것일지라도 강요해서는 안 됩니다(천재학습백과).

하지만 인간으로서의 당연한 권리인 성적 자기 결정권을 누리지 못하는 여성들이 많습니다. 여성들의 썸과 데이트에서는 설렘과 행복, 아픔과 성장 같은 연애의 희로애락이 전부가 아닙니다. 자신의 존엄과 안전에 대한 걱정이 썸과 데이트에서 큰 부분을 차지하고 있어요. 썸을 타고 데이트를 하며 자연스레 갖게 되는 '저 사람이 어떤 사람일까?'라는 궁금증은 '저 사람이 나를 자기 거라고 생각하지 않을까?', '성관계 영상을 몰래 찍거나 올리지 않을까?', '내가 헤어지자고 하면 순순히 헤어져 줄까?'라는 질문으로 이어지고 있습니다. 남자 친구가 집에 데려다주고, 남자 친구에게 가족을 소개하는 것이 자신과 주변인을 데이트폭력 위험에 노출시키는 것은 아닌지 걱정하게 되었고요.

이렇게 이별이 위험한 행위가 되면서 '안전이별'이라는 용어가 새롭게 등장했습니다. 물리적·정신적 폭력을 당하지 않고 헤어지는 것을 뜻하는 말이에요. 실제로 다음소프트가 실시한 빅데이터 분석에 따르면 '안전이별' 검색량은 2015년 8,000여 건에서

2017년 2만 4,000여 건으로 세 배 이상 급증했다고 합니다. 이별의 연관 검색어가 '슬픔'에서 '안전'으로 바뀐 것이죠.*

어쩌다 이 지경까지 돼 버렸을까요. 『그것은 썸도 데이트도 섹스도 아니다』(일다, 2015)의 저자인 로빈 윌쇼는 다음과 같이 원인을 진단했습니다. 거의 모든 남성이 남성성에 대한 잘못된 믿음과 성적 가르침에 노출되어 있다는 거예요. 남성들은 여성을 바람과 욕구를 가진 평등한 파트너가 아니라 단지 성관계를 위해 쟁취해야 할 대상으로 보는 법을 학습한다는 겁니다. 로빈 윌쇼뿐 아니라 많은 학자들이 데이트폭력의 원인으로 남성성에 대한 순응, 비효율적인 의사소통, 자신감의 결여, 또래 집단의 압력, 남자다운 행동에 대한 성적 고정관념 등을 꼽습니다.** 남성들이 여성을 자신과 동등한 인격체라고 생각한다면 데이트나 성적 행동을 할 때 상대의 의중을 확인하고 존중하는 태도를 지녀야 하고, 어떤 상황에서도 성적 접촉을 거부할 권리가 있다는 당연한 사실을 외면하지 않을 것입니다. 정리하자면, 여성을 남성과 동등한 인간이 아닌 남성의 성적 대상, 성적 도구, 자신의 소유물로 보는 시선이 이러한 데이트폭력의 주요 원인이라고 할 수 있습니다.

어쩌면 많은 남성들이 자신은 데이트폭력과는 거리가 멀고, 데이트폭력을 저지르는 남성들은 인간쓰레기거나 괴물이라고 생

---

* 「이별, 목숨 걸어야 할 수 있나요」, 『국민일보』, 2018. 11. 10.
** 이미정·변화순·김은정, 「청년층 섹슈얼리티와 친밀한 관계에서의 성폭력 연구」, 한국여성정책연구원, 2009.

각할지도 몰라요. '어떻게 한때나마 사랑했던 사람한테 그런 짓을 할 수 있지? 도저히 이해가 안 돼.'라고요. 하지만 애인을 때리거나 죽이지만 않으면 괜찮은 걸까요? 그렇지 않습니다. 여성들을 대상으로 한 디지털 성범죄 영상***과 사진을 50원, 100원에 구매해 다운받아 보는 수많은 남성들도 여성을 인간이 아닌 성적 도구이자 물건으로 보는 것은 마찬가지예요. 피해자들은 불안감에 일상생활 자체가 어렵고, 영상 유포로 괴로움과 공포에 떨다가 자살하는 경우가 적지 않은데도, 영상을 찾고, 사고, 돌려 보는 남성들은 게시자와 똑같은 가해자입니다. 오죽하면 여성들은 불법 촬영이 무서워 화장실조차 편히 사용하지 못하고, 마스크를 쓴 채 미심쩍은 구멍을 송곳으로 찌르고, 글루건으로 막고, 스티커를 붙이고 있을까요. 이처럼 데이트폭력은 일부 쓰레기나 괴물늘이 저지르는 기괴한 사건이 아니라 여성과 남성 사이에 존재하는 차별, 여성을 남성보다 열등한 존재이자 성적인 대상으로 보는 인식, 여성을 소유·지배·통제하려는 욕망 등으로 인해 일상화된 젠더 기반 폭력의 한 종류일 뿐입니다.

'세계 어느 나라보다 IT 기술이 발달한 한국'의 민낯은 어떤가

*** 서울시여성가족재단은 시민들의 제안을 바탕으로 「서울시 성평등 언어사전」을 발표해 '리벤지 포르노'를 '디지털 성범죄'로 바꿔 사용할 것을 제안하였습니다. 한국여성정책연구원의 윤덕경 박사는 '리벤지'가 가해자 중심의 용어이며, '포르노'도 성적 흥분을 위한 상업적인 도구를 뜻하므로 피해자가 존재하는 범죄에 사용할 용어로 부적절하다고 설명했습니다.

데이트폭력을 겪고 있다면

폭력에 단호해라!

상대의 폭력에 단호한 모습을 보이세요. 상대가 용서와 화해를 구하고, 눈물을 보이며 설득하려 해도 흔들리지 마세요. 단 한 번의 폭력도 그냥 지나쳐서는 안 됩니다. 폭력은 어떤 이유로도 용서할 수 없다는 태도를 보이세요.

폭력의 흔적을 남겨라!

상대방이 폭력(언어적·정서적·경제적·성적·신체적)을 행사한 날짜와 시간 등 사건 일지를 자세히 기록하고, 문자나 메일, 대화 녹음 등 증거도 남겨 두세요. 신체적·성적인 폭력이 발생했다면 반드시 112에 신고하고 여성폭력피해자 ONE-STOP 지원센터에 도움을 청하세요. 신고하지 못한 경우에도 몸의 상처나 폭력의 흔적을 사진으로 찍어 두고 병원에 꼭 다녀오세요(되도록 병원에 피해 사실을 알리고 진단서를 끊으세요). 분실의 위험에 대비해 증거물을 안전한 곳(속옷 등의 증거물은 코팅되지 않은 종이봉투)에 별도 보관하는 것이 좋습니다.

— 의학적인 증거는 48시간 안에 수집이 가능하므로 몸을 씻지 말고 바로 병원으로 가야 합니다.

— 성병 등의 감염이나 임신을 피하기 위한 조치(응급피임약 72시간 이내 복용)는 반드시 필요합니다.

— 현재 법적 대응을 고려하지 않았더라도, 지금이 아니면 확보하기 어려운 증거가 있습니다. 증거 자체가 폭력에 대응할 수 있는 힘이 됨을 잊지 마세요.

주변 사람들에게 알려라!

가족, 동료, 친구, 선생님 등 믿을 수 있는 사람에게 이야기하세요. 특히

페미니즘 교실

성폭력상담소 등 도움을 받을 수 있는 전문 기관에 상담을 받으세요. 지지 자원은 문제를 해결하고 치유하는 데 큰 버팀목이 될 수 있습니다. 한편, 주변 사람은 피해자를 믿고 지지하며 문제를 해결해 나갈 수 있도록 적극적으로 도와주세요. 또한 피해자가 안전한 상황인지를 살피고, 안전을 확보할 수 있는 방법을 함께 생각해 주세요.

함께해라!

폭력을 행한 상대방과 절대 단둘이 만나지 마세요. 꼭 만나야만 한다면 안전하고 편안한 시간과 장소를 선택하고, 믿을 만한 사람과 함께 가세요.

출처: 한국여성의전화 안녕데이트공작소(hotline.or.kr/sogoodbye).

요? 남성들은 디지털 성범죄 영상과 사진을 쉽게 찍거나 공유하고, 여성들은 인터넷에서 안전이별 방법을 검색하고 있어요. 안전이별 방법으로 "돈을 빌려 달라고 하세요.", "임신했다고 하세요.", "빚이 있다고 하세요.", "유학을 떠난다고 하세요.", "병에 걸렸다고 하세요." 등등의 방법이 추천되고 있답니다. 머지않아 "로봇을 사귀세요. 그럼 안전이별을 걱정하지 않아도 됩니다!"라는 답변이 달릴지도 몰라요.

이제, 사랑이 로봇과 인간을 구별해 주는 인간다움의 결정체라는 믿음도 다시 생각해 봐야 할 것 같아요. 여성이 남성과 동등한 인간으로 대우받지 못하는 한 서로 존중하고 아끼고 소중히 여기는 사랑은 좀처럼 어려우니까요. 아니, 여성과 남성을 동등하게 대하는 로봇이 여성과 남성을 차별하는 인간보다 더 사랑의 자격과 능력을 지니고 있는지도 모를 일이겠어요.

꾸며야 사는 여자,
손을 씻지 않는 남자

∨

4
꾸밈 노동

태희원

일상에서 페미니즘을 실천하는 방법들을 고민하며 티격태격 사는 좌충우돌 페미니스트. 십대의 까르륵 웃음소리와 근거 없는(?) 당당함, 뜬금없이 따뜻한 배려를 사랑한다. 이들의 생기로움이 제약받지 않는 세상을 꿈꾸면서 성차별적인 환상과 싸우는 용기를 내고 일을 하며 글을 쓴다. 지금은 충남여성정책개발원 연구원으로 일하고 있다. 쓴 책으로는 『성형』, 『엄마도 아프다』(공저), 『성·사랑·사회』(공저) 등이 있다.

씻지 않는 남자와의 이별?

영화관에 함께 간 커플이 각자 화장실에 가서 볼일을 본 후 다시 만나 손을 잡았어요. 여자의 손은 물기로 촉촉한데, 남자의 손은 물기라곤 닿은 적도 없는 듯 건조하고 거칠었어요. 여자는 남자에게 손을 안 씻었냐고 물었고 남자는 씻지 않았다고 답했습니다. 더러우니 손을 씻고 오라는 여자의 말에 남자는 왜 자신을 더러운 사람 취급 하냐며 화를 냈습니다. 결국 손을 씻고 온 사람은 여자였어요. 두 사람은 집에 와서도 손 씻기 문제로 다퉜고 결국 헤어졌어요. 이 에피소드는 이 여성이 '남자들은 정말 화장실에서 볼일을 본 후 손을 씻지 않느냐?'고 인터넷에 질문을 올리면서 화제가 됐어요. '정말 씻지 않는다.'는 댓글들이 우수수 달렸습니다.* 어떻게 손 씻는 문제로 헤어질 수가 있지? 이런 생각이 들 수도 있을 거예요. 두 사람 마음이겠지만, 여성은 남자 친구의 깨끗한 손을 잡기를 원했으니까 나쁜 일도 아니고요. 남성이 손을 씻

* 「볼일 보고 손 안 씻는 남자 친구와 헤어졌어요」, 『중앙일보』, 2017. 7. 4.

고 왔다면 이별하지는 않았겠다는 생각도 들어요.

손 씻기를 성별 차이를 통해 살펴보니 흥미로운 차이가 나타나는군요. '여성의 손' 하면 손을 씻고 핸드크림을 바르고 마사지를 하고 손톱을 칠하고 다양한 방법들이 떠오르네요. 단지 청결하게 하는 것뿐만 아니라 매끄럽고 예쁘게 치장하는 다양한 관리 방법들이 있지요. 그런데 남성의 손 하면 별반 떠오르는 게 없군요. 손뿐만이 아니에요. 인터넷 쇼핑몰의 클렌징 카테고리를 클릭해 보시면 알 거예요. 샴푸, 린스, 바디워시, 클렌징 오일, 클렌징 폼, 립 클렌징, 각질 제거 필링, 핸드워시, 핸드크림, 풋케어, 제모제, 여성 청결제 등 여성을 위한 관리 제품들이 너무 많아요. 헤어, 얼굴, 입술, 손, 발, 겨드랑이 등 신체 부위별로뿐만 아니라 지우고 씻고 부드럽게 하고 수분을 주고 향기를 주고 등등 기능별로 세분화되어 있어요. 여성들이 신체를 깨끗하게 하기 위해서는 할 일이 정말 많아 보이네요. 이에 비해 남성 화장품은 올인원 제품이 대세라고 해요. 한 가지 제품으로 머리도 감고 몸도 씻고. 로션 한번 바르면 해결되는 제품들이지요. 드라마 <응답하라 1994>에서 '쓰레기'라는 별명을 가졌던 정우가 귀찮은 표정으로 무심하게 제품을 바르는 화장품 광고가 기억나는군요.

여성에게는 신체 부위 곳곳을 꼼꼼하고 세심하게 케어할 것을 요구하는 듯하지만 남성에게는 귀차니즘과 대충대충을 인정하는 분위기네요. 클렌징 기능을 가진 화장품 세계를 들여다보니 성별에 따라 다른 기준들이 보이지요? 주어를 바꿔 보면 알 수 있어요.

"여자애가 좀 깔끔해야지." 이런 말은 익숙한데 "남자애가 좀 깔끔해야지."는 어색하게 느껴져요. 여성에게 청결함을 요구하는 성별 고정관념이 화장품 시장에서는 더욱 진화했네요. '여성의 몸은 깨끗하고 부드러우며 좋은 냄새가 나야 한다.'는 식으로 말이지요. 물론 모든 여성이 모든 신체 부위를 이처럼 깨끗하고 부드러우며 향기 나게 유지할 수는 없는 일이니, 또 그래야 하는 것도 아니니까 화장품 시장에서 제시하는 기준은 성차별적인 환상에 불과합니다. 이 환상을 좇으려면 여성들은 남성보다 훨씬 많은 클렌징 제품들을 부위별로 절차별로 사용하느라 비용과 시간, 노력을 기울일 수밖에 없어요.

상처투성이 다리의 성별은?

여성의 몸을 남성과 다르게 가꾸어야 한다는 인식은 우리 삶에 공기처럼 스며 있어서 바꾸는 것이 쉽지 않아요. 미국의 남성 페미니스트 토니 포터는 자신이 페미니스트임에도 불구하고 딸과 아들을 다른 기준으로 대했다는 사실에 깜짝 놀랐다는 이야기를 했어요.* 페미니스트는 우리가 상식이라고 생각하는 지식들이 허위라는 것을 드러내어 여성들이 다양한 상상을 하고 삶에 대해 더

* 토니 포터, 『맨박스』, 김영진 옮김, 한빛비즈, 2016.

꾸밈 노동 ─ 꾸며야 사는 여자, 손을 씻지 않는 남자

많은 가능성을 꿈꿀 수 있는 세상을 지향하는데* 페미니스트를 자처하는 본인이 딸의 삶을 제약하는 행동을 했으니까요.

딸의 이름은 제이드, 아들 이름은 켄덜이에요. 제이드와 켄덜은 마당 한편 잡동사니 더미에서 노는 걸 좋아했는데 켄덜은 워낙 잘 넘어지는 아이였어요. 아버지 포터는 켄덜이 넘어져서 흉터가 생기건 말건 대수롭지 않게 생각했지요. 오히려 상처는 '용감하고 대담한 사나이'를 나타내는 표식이라고 가르쳤어요. 그런데 제이드가 넘어졌을 때는 가슴이 쿵 내려앉았어요. 딸 제이드의 몸에 평생 남는 흉터라니 상상만으로도 끔찍했어요. '상처투성이 다리를 가진 젊은 여성'은 매력이 없다는 생각이 머릿속을 스쳤기 때문이에요. 포터는 제이드에게 켄덜을 따라 놀지 말라고 잔소리를 하고 말았어요.**

포터는 여성과 남성을 동일한 기준으로 대하는 것이 쉽게 자신할 수 없는 어려운 일이라고 말합니다. 흉터 없이 매끄러운 몸을 가진 여성이 아름답다는 상식이 당연하게 여겨지는 세상에 살기 때문이에요. 여성이 갓 태어난 아기도 아닌데 거친 일은 한 번도 경험하지 않은 것처럼 몸에 흉터가 없을 수 있다니 이상한 상식이지요? 남성 몸에 있는 흉터가 용감하고 대담한 사나이를 가리키는 훈장이라면, 여성 몸에 있는 흉터는 부끄럽고 감춰야 하는

* 김현미, 「여성주의 성교육을 위한 모색」, 『한국여성학』 13(2), 1997, 123~157쪽.
** 토니 포터, 앞의 책 재구성.

흠이 되어 버리니까요.

　여성을 성적인 대상으로 보는 사회에서 이상적인 여성의 몸은 아름답고 부드러우며 주름이 없는 어린 몸이에요. 반면에 남성은 근육이 있는 강한 몸이지요. 이 상식은 남성은 보호 능력을 가진 주체, 여성은 보호를 받는 피동적인 대상이라는 이분법적 체계 안에서 유지됩니다. 이 이분법은 현실과는 달라요. 근육질에 상처투성이 다리를 가진 여성은 얼마든지 있고 왜소한 체격을 가진 남성 또한 얼마든지 있으니까요.

　"몸에 흉 생기면 안 된다." "남자아이처럼 뛰어다니지 말고 조신하게 행동해라." 이런 훈계를 매일 듣는다면 이 여자아이는 어떻게 성장할까요? 아마도 용감하고 대담하게 노는 것을 포기하게 될 수도 있지 않을까요? 어쩌면 흉터 없이 매끄러운 다리를 만들기 위해 많은 '노력'을 기울여야 한다고 생각할 수도 있겠지요. 상처투성이 다리는 여성의 것이 아니어야 한다고 보는 시선은 여자아이들이 마음 가는 대로 뛰어놀고 다치고 모험할 수 있는 기회를 제약할 수 있어요.

외모 꾸미기, 즐거움과 그 이면

여성은 소녀에서 성인 여성으로 성장하면서 여자다운 몸의 기준들을 익히게 되지요. 부모, 교사, 또래 친구, 인터넷, SNS에 이르기

꾸밈 노동 – 꾸며야 사는 여자, 손을 씻지 않는 남자

까지 여성의 외모 기준을 제시하는 곳은 너무 많아요. 화장법, 다이어트 비법, 쇼핑몰 등도 마찬가지 기능을 해요. 최근 십대 옷차림과 화장법을 살펴보니 오버핏 의상으로 여리여리한 몸매를 연출하고, 화장품으로는 작고 하얗고 생기 있는 얼굴과 보호 본능을 일으키는 강아지 눈매를 만들어 보는군요. 외모를 꾸미고 가꾸는 데 필요한 능력은 매우 정교한 것이어서 각고의 노력이 필요해요. 여성들은 마치 고난이도의 게임에서 어려운 미션을 달성하는 것처럼 자신의 외모를 가꾸는 일에서 성취감과 즐거움을 느끼기도 해요. 매일매일 하다 보니 숙련이 돼서 힘들지 않게 되기도 하고요. 그런데 노력을 거듭하면서 익히는 즐거움으로 인해 그 과정이 여성의 몸을 한계 짓고 긍정하지 못하게 한다는 점을 알기가 쉽지 않아요. 외모 꾸미기 비법들은 여성들에게 근육을 키우는 운동을 하고 검게 그을린 얼굴과 겨드랑이 털, 튀어나온 뱃살을 마음 편하게 인정하라고 독려하지는 않지요. 여성들이 주체적으로 외모 꾸미기에 나서지만 그 실천은 여성스러운 외모라는 좁은 틀 안에서 움직입니다.

외모 관리가 마냥 즐겁지는 않아요. 현재 나의 상태가 '일탈'인지 아닌지 계속 점검하고 신경 써야 하는 것도 귀찮을 때가 있지요. 다른 사람에게 잘 보이도록 꾸미는 행위는 예기치 못한 효과가 있어요. 있는 그대로의 자기 몸을 긍정하기 어렵게 만들고 '묘한' 죄의식을 마음속에 자리 잡게 하지요. 최근 여성 미용 용품 광고에서 가장 강조하는 것은 '나'입니다. "남을 위해 예뻐지려는 것

꾸밈 노동 – 꾸며야 사는 여자, 손을 씻지 않는 남자

이 아니다, 나를 위해 예뻐지려는 것이다." "세상이 좋아하는 나보다 내가 좋아하는 나이길. ○○의 'me'의 기준." 미(美)를 나(me)로 바꾸어 화장이 주체적인 나의 기준이자 실천이라고 강조하고 있군요. 빛나는 머릿결, 모공 없이 아기 같은 피부, 날씬한 몸매 등 외모를 평가하는 잣대는 그대로 놔둔 채로 외모 꾸미기 책임을 여성에게 부여합니다. 피부나 머릿결을 가꾸는 모든 제품들, 모든 화장품들은 모두 나의 단점을 커버하거나 개선할 수 있다고 약속하지요.

옷도 그래요. 옷으로 단점을 커버한다는 말은 내 몸은 좋은 비율, 날씬한 몸에 미치지 못하기 때문에 숨기고 속여야 한다는 뜻이 숨어 있다는 것이지요. 외모를 가꾸는 즐거움은 매번 나의 신체를 부정하는 기분과 함께해요. 그리고 원래 나의 몸을 다른 사람에게 온전히 보여 주지 못한다는 점에서 묘한 죄의식이 들지요. 예를 들어 남들보다 배가 좀 나온 소녀가 옷으로 배를 가리고 사람들을 만날 때 묘하게 마음이 편치 않다는 것이지요. "너는 정말 배가 하나도 안 나왔구나." 칭찬하는 말을 들을 때도 실제 내 배는 튀어나와 있기 때문에 상대에게 진실을 밝히지 않는다는 느낌을 가진다는 거예요. 독일의 페미니스트 프리가 하우그는 다른 사람에게 보이는 대상으로 자신을 꾸미는 행위는 '예기치 못한 효과'를 낳는다고 보았어요.* 아무리 그 제품들이 '나를 위한 것'이라고

---

* 프리가 하우그, 『마돈나의 이중적 의미』, 박영옥 옮김, 인간사랑, 1997.

구호를 외친다 해도 결국 현재의 나를 긍정하는 것과는 자꾸 멀어
질 수밖에 없어요. 무엇보다도 있는 그대로의 나를 긍정하는 기분
이 어떤 것인지 체험할 수 있는 기회를 막아 버리지요. 사실 있는
그대로의 내 몸을 긍정하는 것은 쉽지 않은 일이에요. 당신의 몸
은 고칠 점이 많으니 좀 더 노력하라는 메시지가 너무 많기 때문
이지요. 여러분은 그런 기분을 느껴 보셨나요? 그저 나 그대로가
만족스럽다는 느낌. 이 느낌을 체험해 보는 여성들이 있어요. 여
성 외모를 규성하는 그 기준들이 '말도 안 된다.'고 조롱하는 여성
들이요.

문제는 마네킹이야. 유쾌한 패러디가 주는 힘

브랜드를 대표하는 모델이나 카피도 여성들에게 불안감을 조장하
는 경우가 많아요. '바꿔 보기' 패러디는 세상의 기준이 얼마나 이
상한지 보여 주는 강력하고 유쾌한 방법이에요.** 2014년 미국에
서는 슈퍼모델의 얼굴과 몸매를 이상화하는 데 반기를 드는 실험

** 미술 비평가이자 사진 이론가였던 존 버거는 『다른 방식으로 보기』(최민 옮김, 열
화당, 2012)에서 바꾸기 실험을 제안한 적이 있어요. 여성을 대상화하는 이미지가 남
성 관객을 가정하고 있다는 본인의 의견이 의문스럽다면 사진의 인물을 남성으로 바
꿔 보는 실험을 해 보면 된다고 했지요. 그러면 그 이미지를 보는 관객들의 생각이 얼
마나 폭력적인지를 알게 된다고요.

꾸밈 노동 – 꾸며야 사는 여자, 손을 씻지 않는 남자

이 있었어요. 당시 란제리 브랜드 빅토리아 시크릿이 '완벽한 몸매'(The Perfect Body)라는 슬로건을 내걸고 깡마른 슈퍼모델들의 사진을 게재했어요. 빅토리아 시크릿은 유명 슈퍼모델들이 유명 가수와 합동 공연을 하는 등 요란한 란제리 패션쇼를 여는 것으로 유명했어요. '완벽한 몸매' 광고가 올라오자마자 비난이 쏟아졌어요. 획일적인 미의 기준을 제시해서 여성들의 불안을 조장하고 건강에 해로운 메시지를 유포한다는 목소리였지요. 영국 여성 세 명이 제안한 청원 운동은 단기간에 2만 7,000명의 지지를 받았지요. 빅토리아 시크릿은 광고 문구를 '모두를 위한 몸매'(A Body for Everybody)로 바꾸었어요.* 사람들은 여기에도 별로 만족하지 않았어요.

속옷 브랜드 디어 케이트는 빅토리아 시크릿을 패러디한 광고를 선보였어요. 다양한 연령, 인종, 몸매의 여성들이 빅토리아 시크릿 모델들의 포즈를 똑같이 따라 한 광고를 게재한 거예요. 손동작까지 섬세하게 흉내 냈지요. 광고 카피를 조롱하는 패러디도 인기를 얻었어요. 우리나라에는 <도전! 슈퍼모델>이라는 제목으로 알려진 미국 오디션 프로그램 <America's Next Top Model>은 도브 광고에서는 'America's next Not models'로 바뀌었어요. 속옷 브랜드 에어리는 빅토리아 시크릿과 정확하게 반대되는 브랜드 이미지를 구축하면서 승승장구했어요. 에어리는 두

---

* 「속옷 브랜드 '빅토리아 시크릿' 새 광고 문구 논란 속 변경」, 『서울신문』, 2014. 11. 7.

우리 몸매는 문제없다!

2017년에 여성환경연대를 비롯한 여성단체는 '패션의 거리' 명동에서 "우리 몸매는 문제없다! 문제는 마네킹이야!" 캠페인을 벌였어요.* 한 여성이 마네킹 사이즈의 공간을 빠져나오려고 애쓰는 모습이 신문에 실렸지요. 20~24세 한국 여성 평균 키는 160.0cm라고 해요. 그런데 마네킹의 키는 175~180cm가 훨씬 넘고 허리 치수는 24인치라고 해요. 한국 여성 표준은 28인치 정도인데 말이죠. 마네킹이 입은 옷을 보고 매장에 들어갔다가는 완전히 낭패겠지요. 여성 의복 사이즈도 우리의 현실 몸매하고는 너무나 동떨어져 있어요. 반팔, 블라우스, 청바지, 치마, 원피스 등을 엑스스몰에서 엑스라지까지 7단계로 분류했을 때 여성 의류업체 31곳 중 23곳(74.2%)이 3단계 이하 사이즈만 구비하고 있었어요. 31곳 중 1곳만 해외 브랜드이고 모두 국내 브랜드였어요. 국내 브랜드는 사이즈 다양성이 현저하게 떨어진다는 의미겠지요? 교복도 예외는 아니었어요. 유튜브 '교복 입원 프로젝트'에서 키 170cm, 가슴둘레 94cm 기준인 여학생 교복 셔츠와 7~8세용 15호 아동복 사이즈를 비교해 보니 폭은 별 차이가 없었고 기장은 아동복보다 훨씬 짧았어요. 활동성이 전혀 고려되지 않은 사이즈이지요. 쉬는 시간에 스트레칭이라도 할라치면 옷이 찢어질 정도겠지요? 여학생 교복 디자인을 개선하거나 치마와 바지를 선택할 수 있게 해 달라는 청와대 청원이 올라오는 것은 바로 이러한 이유들 때문일 거예요. 옷을 사러 가서 사이즈가 안 맞을까 봐 왜 마음을 졸였는지, 교복을 입으면서 왜 자신감이 위축되었는지 이제 알 수 있게 되었어요.

* 「마네킹을 본떠 사람을 만드는 사회…… 당신의 몸은 지극히 정상적」, 『경향신문』, 2017. 7. 26.

꾸밈 노동 ─ 꾸며야 사는 여자, 손을 씻지 않는 남자가지 원칙을 브랜드 전략으로 세웠어요. "No Supermodel, No Retouching"이 그것이에요. 깡마른 모델들이 점령했던 속옷 모델 시장에 변화를 주고, 모든 광고에 "이 모델은 리터칭(포토샵)을 하지 않았습니다."라는 문장을 붙였지요. 에어리는 '미국 십대들의 속옷 브랜드'라고 불릴 정도로 승승장구하고 있어요. 한편 빅토리아 시크릿은 이후 수익 감소에 시달리고 있다는 뉴스가 나오는군요. 여성들이 섹시함을 강조하거나 몸매를 보정하는 속옷은 거부한다고 나섰기 때문이지요.* 기업들이 여성을 주체로 인정하는 브랜드 전략을 펼친다면 매출도 올라간다는 것이 증명된 사례이지요.

꾸미건 말건 '내' 알 바 아님!
: 꾸밈 노동과 탈코르셋 운동

최근 온라인상에 여성혐오가 넘치면서 SNS 사용이 잦은 십대, 이십대 여성은 외모 비하 발언을 너무 자주 접하고 있어요. 「2016년 양성 평등 실태 조사」에 의하면 이십대 이하 여성은 소개팅·맞선, 구직 활동 등에서 외모 때문에 불이익을 당하거나 차별을 경험한 적이 28.9%로, 외모 차별을 가장 많이 당한 집단으로 나타났어요.

* 「빅토리아 시크릿 트렌드 뒤처져 수익 급감」, 『헤럴드경제』, 2017. 11. 21.

이십대 이하 남성은 20.3%였고요.** 10명 중 3명 정도가 외모 차별을 경험했다고 응답한 것이지요. 너무 적은 수치라고 생각할 수도 있어요. 굳이 차별이라고 명명하지 않아도 여성의 외모를 희화화하거나 조롱하는 발언들이 방송이나 인터넷상에 너무나 많기 때문이에요.***

SNS상에서 외모 비하 글을 읽어도 기분이 나쁘지만, 연애 등 일상적인 관계에서 외모를 지적하거나 비하하는 발언을 듣는 것은 심장에 무리가 올 정도로 충격이지요. "나만 불편하게 느끼는 걸까?" "그냥 농담으로 하는 이야기인데 내가 분위기에 찬물을 끼얹는 게 아닐까?" 여성들은 외모 지적에 어떻게 반응해야 할지를 고민합니다. 대응을 하지 않기도 하고, 기분이 나빠서 그 지적질을 그대로 상대에게 되돌려 주기도 해요. 그래도 상처받은 자존감은 좀처럼 회복되지가 않지요. 다시는 무시하지 못하도록 더욱 열심히 관리하는 방법을 택하기도 하지요. 외모 비하는 분명 나쁜 일이지만, 가만히 생각해 보면 여성의 외모를 비하하는 것과 찬사를 보내는 것은 같은 프레임 안에 있어요. 여성은 '보이는 대상이다.'라는 것이지요.

최근 '탈코르셋 운동'이 화제가 되고 있어요. 십대, 이십대 여성들을 중심으로 더 이상 외모를 꾸미는 '노력'을 하지 않겠다며

** 여성가족부, 「2016년 양성 평등 실태 조사」, 2016.
*** 「TV에 나타난 성차별…… 성폭력 희화화 등 일주일에 56건」, 『노컷뉴스』, 2018. 4. 20.

'코르셋을 벗다.' 즉, '탈코르셋'을 선언하기 시작한 것이지요. 예쁘게 '보이는' 일을 하지 않겠다는 것이에요. 긴 머리를 짧게 자른 사진이나 그동안 모은 화장품을 부숴서 젤리로 만들어 버리는 영상을 SNS에 올리기도 하지요. 유튜버 '한국여자'*는 처음에는 탈코르셋이 편하다고 해서 관심을 가졌는데 동시에 이런 질문이 떠올랐다고 해요. "왜 대부분의 여자들은 머리가 길고 대부분의 남자들은 미리기 짧지?" 다양한 취향을 가진 여성들이 있는데 '대부분'이라는 평균 범위에 들어가기 위해 애써 외모를 꾸미는 것이 불공평하다는 생각이 든 것이죠. 그는 이렇게 말했어요. "정말 편하죠. 모든 것이 편해지고 정말 마치 다른 사회에서 살다가 온 사람처럼 거의 다시 태어나는 수준이라고 생각합니다."

한편에서는 탈코르셋 운동에 대해 아름다움을 추구하는 것은 자연스러운 일인데 탈코르셋을 주장하는 사람들 때문에 불편하다는 시선도 있어요. 그렇지만 이 장에서 살펴본 것처럼 여성의 아름다움에 대한 기준은 남성 중심적인 시선으로 구성된 것이에요. '여성의 몸은 깨끗하고 부드러우며 좋은 냄새가 나야 한다.'거나 '상처투성이 다리는 여성을 매력적으로 보이게 하지 않는다.'와 같은 상식 말이지요. 이런 상식은 현실 속 여성에게는 사실이 아니기 때문에 '허위적인 상식'이에요. "화장을 안 하고 밖에 나가는 것은 곤란해요." "머리를 자르면 남자아이 같다고 놀릴 텐데

* <시사자키 정관용입니다>, CBS, 2018. 6. 22.

요.” 걱정하는 친구들도 있을 거예요. 그렇다고 해서 탈코르셋이 무조건 머리를 짧게 자르고 화장을 하지 말자고 이야기하는 것은 아니에요. 그동안 “어쩔 수 없다.”고 답변해 온 것과 달리, 왜 여성은 머리를 기르고 화장을 해야 대우를 받는지 비판적인 의식을 갖자는 제안이에요. “왜 여자는 꾸며야 밖에 나갈 수 있나요?” “왜 여자는 머리가 길어야 예쁜 여자로 대우를 받을 수 있나요?” 몇몇 친구들이 하는 이 걱정 안에 탈코르셋 운동을 하는 이유가 담겨 있어요.

“외모 꾸미기는 나의 선택!” 이렇게 생각했는데 그 선택에는 제한선이 있어. 작은 얼굴과 고운 피부, 길고 윤기 나는 머리카락, 여리여리한 몸매 등 사람들이 여성스럽고 예쁘다고 인정할 만한 틀 안에서 선택이 보장되는 것이니까요. 거리를 마음껏 누빌 수 있는 자신감도 여성답다는 틀 안에서 누릴 수 있는 것이에요. 다이어트를 하고 화장을 공들여 하고 나갔을 때 찬사를 듣는 것과 그렇지 않았을 때 비난을 듣는 것은 사실 같은 틀 안에 있어요. ‘여성은 여자다운 아름다움을 가꾸기 위해 노력하는 것이 좋다.’라는 틀 말이지요. 그런 의미에서 탈코르셋은 여성스러움을 평가하는 시스템을 ‘거부한다!’는 선언이에요.

2017년에 개봉된 디즈니 영화 <미녀와 야수>에 벨 역으로 출연한 엠마 왓슨은 공주 드레스의 코르셋을 거부해서 화제가 되었어요. <미녀와 야수>는 여주인공 벨의 모험 이야기이기도 해요. 벨이 곤경에 처한 아버지는 물론이고, 마녀의 술수로 야수가 된 왕자까지 구해 주는 이야기이지요. 여느 동화들이 왕자가 공주를 또는 미녀를 구하는 설정과는 정반대예요. 또 왕자를 차지하기 위해 여자들끼리 경쟁을 벌이는 스토리도 아닙니다. 왓슨은 네 살 때부터 <미녀와 야수>의 열혈 팬이었다고 해요. 모험을 떠나는 벨의 모습이 멋져 보였던 거겠지요. 그런 벨을 자신이 연기한다니 너무 신났을 것이고 모험가 벨의 모습을 잘 표현하고 싶었을 겁니다. 왓슨은 이렇게 말했어요. "벨은 꿈이 있고 진취적이에요. 야수 앞에서도 주눅 들지 않는 모습이 멋졌어요. 벨이 여성의 몸을 가두는 코르셋에 묶인 제한적인 캐릭터가 아니라 활동적인 공주였으면 좋겠다고 생각했어요." 화장이나 다이어트, 성형 수술 같은 것을 외모 코르셋으로, 착하고 얌전하게 행동하는 것이 여자답다고 규정하는 것을 도덕 코르셋으로 구분하기도 하지만, 사실 이 두 가지는 연결되어 있어요. <미녀와 야수>의 벨이 코르셋으로 몸을 꽉 조이고 있었다면 아버지와 야수를 구하는 모험은 시작되기 어려웠을 것이니까요.

여자도
군대 가라?

5
군대

김엘리

여성단체에서 일했다. 페미니즘 관점으로 평화를 이론화하고 싶어 여성학과에 진학했는데 어느새 여성학 박사가 되었다. 지금은 대학과 시민단체에서 여성학과 평화학을 강의한다. 쓴 책으로 『그런 남자는 없다』(공저), 『나의 페미니즘 레시피』(공저), 『페미니즘, 리더십을 디자인하다』(공저), 『여성의 삶과 문화』(공저) 등이 있고, 번역서로는 『여성, 총 앞에 서다』, 『군사주의는 어떻게 패션이 되었을까』(공역)가 있다.

여자도 군대 가라고? 진짜 속내는

2017년 8월 30일, 12만여 명은 청와대에 청원을 했습니다. '남성만의 독박 국방 의무 이행에서 벗어나 여성도 의무 이행을 하도록 법률 제정이 되어야 한다.'는 내용으로 말입니다. 그러나 청원자가 20만 명에 이르지 못해 청와대의 답변을 듣지 못했지요.

우리는 여기서 두 가지를 알 수 있어요. 하나는 남성에게만 병역 의무가 있다는 점입니다. 한국 사회에서 국방 의무는 남성과 여성 구별 없이 모든 국민에게 있지만, 병역 의무는 남자에게만 부여되죠.* 물론 여성은 자원으로 군대에 갈 수 있습니다.

우리가 알 수 있는 또 하나는 여성도 의무적으로 병역을 이행해야 한다는 목소리가 공공연하게 터져 나온다는 점입니다. '여자도 군대 가라.'는 말은 이번이 처음은 아니에요. 온라인에서 혐오 표현이 분출하는 끝에는 꼭 이 말이 등장해요. 노래의 후렴처럼

---

* 병역 의무와 국방 의무는 무슨 차이가 있을까요? 병역 의무는 군인으로서 복무할 의무를 말합니다. 반면 국방 의무는 이보다 넓은 개념이지요. 전시 근로 동원, 비상 자원 관리 등 군 작전에 협력하여 국토를 방위하는 의무입니다.

말입니다. '평등 좋아하면 너희 여성도 군대 가라.', '억울하면 군대 가라.'는 식이죠. 군대와 전혀 관련이 없는 주제에도 등장합니다. 여성들이 몰카 촬영에 관해 의견을 내면

"그냥 남녀평등 가자. 여자도 군 입대시키자."

"진짜 군대 좀 보내야 함."

"그래 알았다. 알았고. 군대도 좀 갔다 와서 당당하게 주장해라."*

라는 이야기가 줄을 잇습니다.

'여성도 군대 가라.'는 말에는 무엇이 담겨 있을까요? 여성은 사람이 덜됐다는 비하와 이기적이라는 편견이 들어 있습니다. 군대를 가야 사람이 되고 인생과 사회도 알게 된다는 군필자의 우월감이 배어 있죠. 이 말은 비단 여성에게만이 아니라 군대를 아직 가지 않았거나 못 간 남성에게도 꽤 합니다. 군대를 가야 남자어른이 된다고요. 마치 세상은 군대를 가는 사람과 안 가는 사람으로 나누어지는 것처럼 이야기합니다. 이렇듯 한국 사회에서 군대는 사람을 평가하는 수단으로 사용될 만큼 특별한 권위를 가지고 있습니다.

그뿐 아니라 '여성도 군대 가라.'는 말에는 여성들의 입대가 곧 남녀평등이라는 생각이 들어 있습니다. 실제 몇몇 남성들은 헌법

---

* 「페미니스트라면 '여자도 군대 가겠다'고 해야 할까」, 『시사저널』, 2018. 6. 20.

재판소에 헌법소원심판을 청구했어요. 남성만의 병역 의무제는 헌법에 명시한 평등권을 위배한다는 생각에서입니다. 헌법재판소는 이 중 세 건의 청구를 부적법하다며 각하했고(2002, 2002, 2014), 세 건을 합헌으로, 즉 원고 패소로 결정했어요(2010, 2011, 2014).** 말하자면, 국방부와 헌법재판소는 남성만의 병역 의무제가 평등권을 침해하지 않는다는 입장을 내놓은 것이죠.

그런데 EBS 방송 프로그램 <까칠남녀>에서 시민을 대상으로 설문 조사하니 응답한 남성의 60%가 여성이 군대 가는 것에 반대한다고 해요(2017. 5. 22 방영). 군 가산점제 여파가 지속되던 2005년 설문 조사에서는 조사에 임한 남성의 75.1%가 반대했어요.*** 여기서 한 가지 더. 남성들이 사회의 형평성을 위해 가장 먼저 꼽는 것은 '여성 군대 가라.'가 아니라 징집 과정의 투명성이에요.**** 금수저를 물고 난 아들이나 신의 아들, 유명한 연예인 들이 합리적인 이유 없이 군대를 면제받는 병역 비리를 지적한 거죠. 남성들도 모두 평등하게 군대 가지 않아요. 남성들 사이에도 힘의 차이가 있답니다.

그래서일까요? 많은 사람들은 '여성도 군대 가라.'는 말이 남성들의 진짜 속내가 아니라고 말합니다. 여성을 무시하거나 통제

** 김엘림, 『남녀평등과 법』, 한국방송통신대학교출판문화원, 2016, 174~177쪽.
*** 『우먼타임스』와 인터넷 취업 포털 잡링크 공동 조사, 2005. 6. 19.
**** 한국여성정책연구원, 「군 복무에 대한 사회통합적 보상체계 마련을 위한 정책방안 연구」, 2007.

하려는 수단으로 보죠. 또는 군대 간 남성들의 희생을 여성이 알아야 한다는 인정 요구라는 거지요.

국가가 정한 이 제도가 왜 사회적으로 논쟁이 될까요? 왜 군대는 여성혐오 표현을 분출하는 샘이 되었을까요? 여자가 군대에 가면 진짜 성평등한 것일까요?

"엄마, 남자는 군대에 가는 거래요."

어느 날 초등학생 아들이 집에 와서는 그러더래요. "엄마, 나 군대 가야 한대." 아들은 주변 사람들에게 군대 이야기를 들었나 봅니다. 남아들이 어릴 때부터 남자임을 확인하는 지표가 군대이죠. 군사 활동은 남성의 일이자 영역이라는 것을 알아 가면서 남아들은 남자로서 어떤 행동을 해야 하는지 알지요. 그래서 징병제란 단순히 '남성이 군대를 간다.'라는 법적 의무만을 뜻하는 것은 아닙니다. 남자들이 남자답게 사는 법을 익히는 사회 제도죠. 국가를 지키고 가정을 지키는 사람은 남성이라는 거죠. 군대 제도는 오랜 시간 이 같은 교육을 사회적으로 해 온 셈입니다.

그래서 군대 이야기만 나오면 군대를 가는 남성과 군대를 가지 않는 여성으로 나뉘는 것처럼 보여요. 군인=남성=보호자, 시민=여성=피보호자라는 도식이 만들어져요. 그러나 세상일은 꼭 이렇게 분리되지 않아요. 그런데 이렇게 이분법으로 나누려는 나쁜 습관이 있어요. 그래서 고정관념을 키우는 거죠.

좀 더 짚어 볼까요? '가정을 지키고 국가를 지킨다.'에서 지킨다는 것은 '보호'라는 뜻이죠. 사실 따져 보면, 보호는 돌봄의 다른 말이에요. 돌봄은 가정에서 여성이 주로 하는 일을 가리킨다면, 보호는 사회적으로 남성이 하는 일을 말하죠. 군인, 경찰, 소방관 들이 하는 일이죠. 전통적으로 주로 남성의 영역으로 알려졌어요. 그런데 남성에게는 왜 보호라는 말을 쓰냐고요? 남성들이 하는 보호는 국가와 사회의 차원이라는 점을 강조하는 거죠. 여기에는 공적인 의미가 있어요. 그래서 사회적인 권위가 더 부여되죠. 여성이 하는 일과 남성이 하는 일은 마치 다른 무게를 가지는 것처럼 말이죠.

군대를 이야기하면 출산은 짝패처럼 등장합니다. 남성이 군대를 간다면 여성은 출산을 한다는 논리죠. 남성 군필자에게 가산점을 준다면 산모들에게도 가산점을 주어야 한다는 주장도 회자되곤해요. 그러나 모든 남자가 반드시 군대를 가란 법은 없습니다. 모든 여성이 꼭 출산을 하란 법도 없습니다. 하지만 그러한 행위는 남자와 여자에게 각각 할당되어 고정된 성역할이 되었어요. 그리고 남자는 무엇인가, 여자는 무엇인가를 설명하는 토대가 되었죠. 그 과정에서 이 행위들은 '본래' 그런 것처럼 여겨졌어요. 실은 군 복무와 출산의 구도는 사회적으로 만들어진 생각인데 말입니다.

군대는 이렇듯 성별 분업을 토대로 조직되고 운영됩니다. 여기엔 고정관념도 꽤 있어요. 그러니 군 복무와 출산을 대비시키는

것은 편견을 생산할 뿐입니다.

그뿐 아니라 성별 분업은 남성들 사이의 차이를 보이지 않게 합니다. 생각해 볼까요? 모든 남성이 똑같이 군인의 자격을 부여받지 않아요. 한국 여성과 외국 남성 사이에 태어난 혼혈 남성은 입대가 허용되지 않았어요. 그러나 한국 남성과 아시아 국가에서 온 여성들의 국제결혼이 증가하면서 다문화 2세는 2011년부터 입대할 수 있게 됐어요. 성소수자들에게도 마찬가지입니다. 원칙적으로 이성애주의 틀에 맞지 않는 남성들은 군인으로서 온전히 허용되지 않아요. 동성애자는 군의 결속력을 떨어뜨리는 위험한 사람으로 간주됩니다. 상담을 통해 변화시켜야 할 대상인 거죠. 또한 남성들 모두가 현역으로 군 복무를 하지 않죠. 신체 조건과 학력, 경제 상황 등에 따라 남성들을 차등 구분하여 다른 병역에 배치하거나 면제시킵니다. 그래서 병역 제도는 '남성의 표준은 누구인가?'를 보여 줍니다.

그러니 남성과 여성만을 대칭적으로 구별하는 것은 군대 이야기를 왜곡시킬 수 있어요. 소란스러운 여성혐오만 무성하게 만들죠.

여성혐오가 마르지 않는 샘, 군대

군 가산점제 폐지를 요구하는 움직임은 1994년부터 시작됐어요. 사회적으로 군 가산점제를 둘러싼 공방과 논의도 시작됐죠. '여성도 취직하려면 군대 가라.'라는 주장도 나왔어요. 군 가산점제는 여성혐오 발화가 분출된 도화선이 되었죠. 물론 여성혐오는 그 이전부터 발생한 오래된 현상이에요. 그런데 군 가산점제 폐지가 가져온 혐오 발화는 매우 강렬했어요. 온갖 비방과 욕설은 물론이고 협박까지도 서슴지 않았습니다. 당시 군 가산점제 폐지 활동에 참여한 여성단체들의 전화와 홈페이지는 마비가 될 정도였어요. 그리고 여성혐오는 지금도 지속됩니다.

군 가산점제는 왜 도화선이 되었을까요? 사실 군 가산점제는 공무원 시험에 응시하는 일부 남성들에게 혜택을 주는 제도입니

군 가산점제는 왜 폐지되었을까?

군 가산점제는 제대 군인들이 6급 이하 공무원 채용과 교원 임용 시험 등에 응시할 때 가산점을 받았던 제도입니다. 제대 군인들은 과목별 만점의 3%(800점 만점의 시험에서 24점) 혹은 5%(40점)를 가산점으로 받았어요. 그런데 법적으로 병역 의무가 부여되지 않은 여성이나 장애인은 가산점을 받지 않으니 시험 점수가 높아도 불합격되기 일쑤였습니다. 1~2점으로 당락이 결정되는 경쟁적인 시험에서 군 가산점제는 애초에 군에 갈 자격을 부여받지 못한 집단에게 큰 피해를 준 것이죠. 말하자면 불공정한 결과를 낳았어요. 처음에는 장애인이 문제를 제기했고, 차후 여성들이 합세하여 헌법재판소에 헌법소원을 청구했어요. 1999년 12월 23일, 헌법재판소는 군 가산점제가 위헌이라며 폐지를 판결했습니다.

다. 모든 남성들을 위한 것은 아니었어요. 하지만 대한민국의 남성들에게 군 가산점제 폐지는 상징적인 박탈감을 주었어요. 군 복무를 한 남성들의 노고가 충분히 보상받지 못하는 현실을 드러냈죠.

국가는 실리보다는 명분으로 남성을 동원했어요. 남성만의 병역 의무제를 확립하면서 국민의 도리를 강조했습니다. 남성이라면 국민으로서 당연히 해야 할 일이라는 거죠. 그러면서 병역 의무를 이행한 남성들에게는 경제권이 우선적으로 주어졌어요. 1970년대로 거슬러 가 볼까요? 군 복무를 하지 않은 남성들은 취직할 자격을 갖지 못했어요. 심지어 병역 의무를 이행하지 않은 남성을 고용한 기업은 처벌이나 제재를 받기도 했어요.

한편 1973년 이후 일부 남성들은 병역 특례 제도를 통해 중공업 분야에 필요한 기술을 훈련받고 취직했어요.* 군 복무는 남성들이 직업 훈련을 받는 과정으로 경제활동과 연결됐죠. 군 가산점제와 호봉제** 역시도 군 복무에 대한 보상이자 남성의 경제 능력을 살리는 제도였어요. 군필자 남성은 이렇게 생계 부양자로서의 위치를 국가 차원에서 부여받았던 거죠.

병역 의무는 애국적 희생을 바탕으로 한 남성의 특권이었어요. 하지만 남성이 곧 군인이고 국민이 된다는 생각이 자연스럽게 정착하기까지는 오랜 시간이 걸렸죠. 그 과정에는 법과 도덕, 닦

---

* 문승숙, 『군사주의에 갇힌 근대』, 이현정 옮김, 또하나의문화, 2007, 65~102쪽.
** 호봉제는 회사에서 근무한 햇수에 따라 임금을 지급하는 제도입니다. 공공기관과 사기업 등은 군 복무 기간을 근무 연수로 포함하여 임금을 계산합니다.

론이 작동했어요. 예컨대, 병역 거부는 몹쓸 범죄로 취급됐어요. 그뿐 아니라 국민이 도덕적으로 해서는 안 되는 나쁜 행실로 규정됐지요. 병역 의무 제도가 점차 안정이 되자 '남성은 군대를 가야 사람이 된다.'는 언설이 차츰 국민들 사이에서 상식처럼 회자되었어요. 병역 의무는 점차 남성들에게 당연한 국민의 도리가 되었어요.

그런데 당연하다고 여겨진 군 가산점제가 누군가에게 피해를 주는 제도로 밝혀졌어요. 헌법재판소는 군 가산점제를 폐지하라고 판결했어요. 그렇다고 해서 남성들에게 충분한 보상 체제가 마련되지는 못했어요. 군대를 간 남성들의 입장에서는 군 복무가 점점 시간 낭비로 느껴지기 시작했어요. 신자유주의 시대에 취직하는 일은 녹록지 않았죠. 그러다 보니 연애와 결혼도 미루거나 포기하는 사태가 일어났어요. 자기를 계발하고 스펙을 쌓는 일에 더 매진해야 할 판에 입대가 자신에게 투자할 시간을 뺏는다고 여겨졌어요. 게다가 군인이 되는 과정은 인간 존엄을 지키기는커녕 하대와 폭력, 괴롭힘을 견디는 것이라고 해도 과언이 아니었죠. 이 과정에서 생긴 상처들은 그동안 치유되거나 보상받지 못하고 봉합되었어요. 왜냐하면 남자로서 국민으로서 당연히 하는 일로 믿어 왔으니까요. 군 가산점제 논쟁은 이 봉합된 상처가 드러나면서 터진 거예요.

신자유주의 경쟁 체제에서 여성은 이제 보호할 대상이 아니라 경쟁 대상이 되었어요. 그러니 군대를 '안 가는' 여성들에게 감정을 쏟아붓지요. 신자유주의 시대에 여성혐오는 전형적인 방식과 달라요. 단순하게 남성의 우월성을 내세우며 여성을 멸시하지 않아요. 오히려 남성은 자신을 피해자라고 말합니다. 사회적 보상은 사라졌는데 남성들만 병역 의무를 수행하는 일은 역차별이라고 주장하는 거죠. 평등이라는 이름으로 '여성도 군대에 가라!'고 말합니다. 여성이 군대 가는 것은 곧 평등일까요?

여성이 군대 가면 평등한 걸까요?

여성이 군대에 가면 성평등하다고 말할 수 있을까요? 군은 1997년부터 공군사관학교를 시작으로 1998년에는 육군사관학교, 1999년에는 해군사관학교에 여성의 입학을 허용했어요. 1999년 '여군 인력 확대 활용 정책'이 발표된 후, 여군의 증가는 지금까지 체계적으로 이루어지고 있어요. 그러자 국방부는 군을 성평등한 공간이라고 홍보했어요.

사회는 여자라는 이유로 불이익을 당하는 곳이 많다. 그러나 군대는 직책과 계급이 우선시되는 곳이다. 그만큼 능력 있는 자에게 많은 기회가 부여된다. 실력을 중시하는 사회, 여군은 그런 사회를 만드는 데 밑거름이 되고 있다. (국방부, <군이 사회를 바꾼다>, 동영상 내레이션 중, 2007.)

군은 남녀를 따지지 않고 계급을 중시하는 곳이므로 여성에 대한 차별이 없다고 말합니다. 여군들도 다른 직장보다 차별이 없다고 생각하죠. 많은 사람들은 여성을 제한한 법이 바뀌고 제도가 달라지면 평등하다고 생각하죠. 그러나 좀 더 깊숙이 들어가면 이야기가 달라집니다.

남군이 힘들다 말하면 그럴 수 있는 거지만 내가 힘들다 말하면 여군이기 때문에 힘들다 말한다고 합니다. 난 이 말이 듣기 싫어 내색지 않고 말없이 힘겨운 싸움들을 홀로 해야 했고 지금도 하고 있습니다. (국방부, 『2005년 여군지휘통솔 성공사례집』, 2005.)

아무리 잘해도 사고 한번 터지면 여군이라서 그렇다는 식으로 말하죠. (「여성 군인의 능력 있는 자기계발과 군인 되기」(『여성학』 34(1), 2018) 연구를 위한 필자와의 인터뷰)

군에서 벽지와 타일을 고르는데 상관이 나를 불러서 고르라고 해요. 섬세하니까. 그런데 전 섬세하지도 않고 미적 감각도 없어요. 그냥 여자라면 다 그런 일을 잘한다고 생각하죠. 통념을 버려야 한다고 생각해요. (「여군의 출현과 젠더질서의 교란」(박사논문, 2012) 연구를 위한 필자와의 인터뷰)

여군들의 이야기입니다. 여성이 군에 가는 일은 분명히 전통적인 젠더 역할에 균열을 내는 일입니다. 최소한 총을 쏘고 국가를 지키는 일이 여성의 일은 아니었으니까요. 여성들은 도전 의식을 가지고 군에 들어왔어요. '여성' 군인이 아니라 군인으로서 일하려고 해요. 그런데 여성이라는 선입견 때문에 이중적인 어려움을 겪어요. 전통적인 잣대로 여성을 평가하기도 하고요. 여성이라는 고정관념도 작동해요. 여성은 꼼꼼하고 세심하며 남성들을 잘 돌본다는 생각이죠. 그러니 사무행정, 교육, 환경미화와 같은 일에 여군을 배치합니다.

최근 여군에 대한 성폭력은 사회적으로 주목을 많이 받습니다. 언론은 자극적이고 흥미롭게만 보도합니다. 자칫하면 여군들을 성적으로 과잉 상상하게 만들죠. 여성의 몸을 선정적으로 과장하여 성적 대상으로 삼는 <뷰티풀 군바리>와 같은 웹툰처럼 말이죠. 성폭력은 성차별과 함께 보아야 합니다. 성폭력이 발생하는 이면에는 여성에 대한 비하와 능력에 대한 무시가 깔려 있어요. 일부 남군들은 여군들과 함께 일하는 것을 부담스러워하죠. 어떤 지휘관은 여군이 자기 부대에 오는 것을 거부하기도 합니다. 여기에는 여군이 군사에 관한 지식도 얕고, 체력도 약하며, 남성 동맹에 걸림돌이 될 것이라는 편견이 있어요. 이 편견에는 여군을 보호해야 한다는 생각도 배어 있죠.

그러니까 남성 중심의 조직 구조와 문화를 그대로 두고 여성이 군에 들어왔다는 점만으로 평등하다고 말할 수는 없어요. 때로 남성 중심 조직은 여성에게 눈에 띄는 자리를 내주어 여성을 사람들에게 보여 줍니다. 그러곤 성평등한 민주 조직이라고 말해요. 이것을 토크니즘, 그러니까 구색 맞추기라고 하죠.

군 문화가 변화하지 않으면 '보이지 않는' 차별은 그대로 있습니다. 그 차별은 보이지 않으니 여성들은 더 곤란에 처합니다. 어떤 일이 발생하면, 여성의 능력 탓으로 자연스럽게 돌리기 때문이죠. 법이나 제도는 마치 여성을 차별하지 않는 것처럼 만들어졌으니 여성 개인의 문제로만 보입니다. 조직 문화나 구조에 문제가 있을 수 있음에도 불구하고 말이죠.

'여성도 군대 가라.'라는 일부 남성들의 주장도 마찬가지예요. 그들이 말하는 평등은 '똑같이'를 뜻합니다. 남성이 데이트 비용 10개를 내니 여성도 10개를 내라는 것과 같습니다. 그러나 평등한 데이트를 방해하는 소비문화를 보지 못합니다. 여성이 남성보다 임금을 덜 받는 사회경제구조는 고려되지 않죠.

평등은 남성과 여성이 똑같아지는 것이 아닙니다. 여성이 남성의 자리를 차지해서 남성처럼 하는 것도 아닙니다. 평등은 차별을 해소하는 일입니다. 불평등하고 부조리한 구조를 없애는 정의이죠. 군대는 여성이나 사회적 소수자들이 차별받는 불평등한 구조를 토대로 형성된 제도예요. 이러한 제도를 비판적으로 들여다보지 않고, 여성도 똑같이 군대에 가라고 말하는 것은 여성에게도 남성에게도 더 나은 삶을 만들어 주지 못합니다.

페미니즘 왈, 좀 다르게 생각해 보아요

여성들이 군대 가면 어떤 점이 좋을까요? 서구의 자유주의 페미니스트들은 성차별이 줄어들 것이라고 기대합니다. 여성들은 무기를 다룰 수 있는 능력을 갖추고, 군사 활동에서 소외되지 않을 기회를 가지며, 국가 안보를 공동으로 책임지는 동등한 국민이 될 수 있다고 보죠. 이 또한 여성들에게는 기회일 것입니다. 기회도 중요해요. 그러나 기회와 능력이 곧 성평등을 가져오는 것은 아닙니다. 여성이 대통령이라고 해서 성평등이 실현되는 것은 아닌 것과 같은 이치입니다.

대체적으로 서구 국가에서 여성들이 군인으로서 군사 노동을 시작한 것은 징병제를 폐지하고 지원제를 시작하면서입니다. 그 이유는 국가의 상황에 따라 다양하죠. 백인 남성들이 군을 지원하지 않아서, 흑인 남성들이 군인으로 과다하게 구성되는 것을 견제하기 위해서, 혹은 민주적인 군을 구성하기 위해서였어요. 네덜란드는 나토군이 성평등 정책을 시행하는 시범 사례이기도 했어요. 한국의 경우, 국방부가 여성 군인의 수를 늘리는 것은 우수 인력을 활용하는 정책에서 비롯되었죠. 최근에는 군인 인구가 줄어드니 대체할 여성 군인이 필요하다는 이야기를 공공연히 합니다.

여성 징병제를 주장하는 사람들은 노르웨이를 그 예로 듭니다. 그런데 노르웨이의 징병제는 한국의 것과 꽤 다릅니다. 한국의 징병률은 약 90%입니다. 반면 노르웨이는 매년 6만 명의 징집 대상자 중 약 8,000명을 징집하죠. 그리고 병역 거부를 인정합니다. 군인이 될 선택권이 보장돼 있는 거죠. 2017년 자료에 따르면, 징집병 중 여성은 약 25%입니다.* 여성 징병제 실행은 남성과 동일한 기회를 제공한다는 취지에서 시작됩니다. 하지만 변화하는 안보 환경도 매우 주요하게 고려되죠. 노르웨이군이 2015년 발행한 「군의 장기 전략 보고서」는 러시아의 군사력 증강을 주시합니다. 또한 군이 다양성을 이루고 질을 높이기 위해 변화를 도모해야 한다고도 평가합니다. 노르웨이가 여성 징병제를 단행하는 까닭이죠. 물론 여군의 증가는 여성의 활용 가치가 있을 때 일어납니다.

'여성도 군대 가라.'라는 소란스러움 앞에서 '간다 vs 안 간다'의 논쟁 구도는 그렇게 적실하지 않아요. 여성들이 군에 진입한다고 해서 평등으로 직접 연결되는 것도 아니니까요. 오히려 더 민주화되고 성평등이 이루어진 사회가 성평등한 군대를 만들 수 있어요. 그러니 시민사회가 성평등 문화를 만들어 군에 좋은 영향을 미쳐야 합니다.

좀 다르게 생각해 볼까요? 군인들이 존중받는 군 문화는 만들 수 없는 걸까요? 평등하게 퀴어하게 다양하게 말입니다. 누군가의 가슴에 총부리를 겨누지 않고 시민의 안보를 탄탄히 하는 방법은

---

* 안더스 다라커르(Anders Dalaaker)가 2017년 3월 8일 안보 공동 협력을 위한 포럼에서 한 노르웨이 군대의 성평등에 관한 연설문 중.

없을까요? 살상과 폭력 없이 갈등을 조정하는 군대를 만들 수는 없을까요?

이왕이면 덜 폭력적이고 덜 군사적인 군대를 상상해 봅니다. 따져 보면, 군이 공공 서비스와 돌봄 노동을 전혀 제공하지 않은 것은 아닙니다. 아이티에 재난이 일어났을 때 한국군이 파견되어 재건 과정에 참여했거든요. 또 무엇이 있을까요? 좀 다르게 생각해 보자고요. 그것이 페미니즘이 던지는 질문입니다.

당신은
혼자가 아닙니다

6
미투운동

김보화

여성학 석사 학위 논문으로 성폭력 가해자들이 자신의 가해 행위를 어떻게 '정당화'하고 '피해자화'하는지를 분석했다. 현재 한국성폭력상담소 부설연구소 울림에서 '파이'라는 이름으로 활동하며 박사 학위 논문을 준비하고 있다. 최근에는 한국 사회에 큰 변화를 가지고 온 '미투운동'의 의미와 사회적 책임에 대해 고민하고 있다. 쓴 책으로 『스스로 해일이 된 여자들』(공저), 『그럼에도, 페미니즘』(공저)이 있다.

미투운동이란 무엇일까요?

여러분은 아마도 2018년 초부터 #MeToo(이하 미투운동)라는 단어를 많이 들어 보았을 거예요. 이 장에서 주요하게 다룰 '스쿨미투' 역시 이것과 연결된 것이기도 하고요. 이 글에서는 미투운동이 어떻게 시작되었는지, 이 운동이 우리와 어떤 관계가 있는지, 성폭력이란 무엇을 말하는지 이야기해 보려고 합니다.

미투운동은 2006년, 여성 인권 운동가 타라나 버크(Tarana Burke)에서부터 시작되었다고 알려져 있습니다. 그녀는 성폭력 피해를 입은 십대 여성들을 돕고 싶었지만, 도울 방법이 많지 않아서 아쉬웠다고 해요. 그러던 어느 날 "MeToo"라는 문구가 서로에게 공감과 힘을 줄 수 있을 거라는 생각이 떠올랐습니다. 그녀는 특히 유색 인종 여성과 소녀들을 위해 마이 스페이스(MySpace)에 페이지를 열어서 큰 반향을 일으켰답니다.

한편 할리우드에서는 유명 코미디언 빌 코스비에 의한 성폭력 경험을 폭로하는 여성들의 증언이 2014년부터 이어졌고, 성폭력 책임을 피해자에게 묻는 문화에 저항하는 '데님데이'* 캠페인이나 유명 배우 엠마 왓슨이 홍보한 UN 성평등 캠페인 '히포시'(HeForShe) 등이 계속되고 있었어요.** 이런 상황에서 배우 알리사 밀라노는 영화 제작자 하비 와인스틴의 성폭력에 문제 제기하며, 10년 전 타라나 버크가 시작한 미투운동을 다시 시작했습니다. 이 운동은 전 세계적으로 뜨거운 관심을 받았으며, 이때 모인 후원금으로 직장 내 성희롱·성폭력과 불평등을 없애기 위한 '타임스업'(Time's up)이라는 단체가 결성되어 현재까지 활동하고 있답니다.

한국의 미투운동은 2018년 1월 29일, 서지현 검사가 검찰계 내 성폭력을 폭로하면서 많이 알려지기 시작했지만, 지난 30여 년간 수많은 성폭력 피해자들의 미투가 있어 왔다는 사실도 기억할 필요가 있어요. 대표적으로 1986년, 군사독재 시절 경찰이 민주화 운동을 하던 여자 대학생을 취조하다가 성고문을 한 사건이

* 데님데이(Denim Day)는 1998년 이탈리아에서 일어난 사건에서 비롯되었습니다. 한 성폭력 피해자가 청바지를 입고 있었는데, 재판부는 "청바지는 본인의 도움 없이 벗기기 어렵다."면서 무죄를 선고하였습니다. 미국과 유럽 등에서 여성들은 이에 저항하며 해마다 4월 25일경에 청바지를 입고 성폭력 통념에 항의하는 집회를 열고 있습니다.

** 그 외에도 #WhatWereYouWearing("너는 무엇을 입었니": 성폭력 피해자의 옷차림을 탓하는 인식에 반대하는 운동), #YouOkSis("너 괜찮니": 유색인 여성들에 대한 길거리 괴롭힘, 온라인상에서의 괴롭힘 반대 운동), #SurvivorPrivilege("생존자의 특권": 성폭력 피해 생존자가 특권을 누리고 있다고 생각하는 인식에 반대하며 피해자들의 실제 경험을 알리는 운동), #WhyIDidntReport(내가 신고하지 않은 이유: 바로 신고하지 않거나 증거를 제시할 수 없는 피해자를 탓하는 법과 인식에 반대하는 운동) 해시태그 운동 등이 있습니다.

나, 1991년 고 김학순 할머니가 일본군 위안부 경험을 폭로한 일, 1993년 서울대학교에서 발생한 교수에 의한 성희롱 사건이나, 2009년 신인 배우였던 고 장자연 씨가 죽음으로 자신의 성폭력 피해를 세상에 드러낸 일도 있었습니다. 최근인 2015년부터는 특히 온라인이나 SNS 등에서 각종 '#○○계 성폭력'의 형태로 문학계, 영화계, 게임계, 종교계 등 수많은 분야의 성폭력을 폭로하는 해시태그 운동이 이어져 왔습니다.

이처럼 지난 30여 년간 일일이 열거할 수 없을 정도로 많은 성폭력 피해자들이 자신의 피해 경험을 세상에 알린 결과 1994년 '성폭력특별법'이 만들어졌고, 1999년 최초로 성희롱을 명문화한 '남녀차별 금지 및 구제에 관한 법률'이 만들어지기도 했습니다. 그리고 최근에는 공동체 내 반(反)성폭력과 성평등을 위해 다양한 단체들이 자생적으로 만들어지고, 활발하게 활동하고 있습니다. 그래서 한국의 미투운동은 미국으로 인해 촉발된 것이 아니라 그 자체의 역사를 가지고 있지만, '미투'라는 간략하고 설득력 있는 단어를 통해 좀 더 대중화되었다고 볼 수도 있겠습니다.

미투운동은 '나도 성폭력 피해를 입었다.'고 말하는 '스피크아웃'(speak out), 즉 '말하기' 운동입니다. 때로는 자신의 얼굴, 자신의 이름과 신상을 모두 공개하면서까지요. 특히 '내가'가 아니라 '나도'라는 표현을 썼다는 것은 그만큼 성폭력 피해를 입은 사람들이 많고, 성폭력은 숨길 일이 아니며, '나의 말하기'는 다른 피해자를 응원하고 지지하는 표현이라는 것을 강조하는 것이라고 볼 수 있겠습니다.

그런데 살인미수, 절도, 강도, 방화 등의 소위 강력 범죄 피해자들과 다르게 유독 성폭력 피해자들이 오래전부터 동서양을 막론하고 성폭력을 폭로하는 이유는 무엇일까요? 본인의 신상을 공개한 '폭로'라는 행위가 본인의 삶, 학교, 직장, 가족에게까지 큰 영향을 미친다는 점을 고려한다면, 폭로'하는' 이유가 아니라 질문을 바꾸어 폭로'할 수밖에' 없는 이유는 무엇이었는지를 묻는 게 더 적절한 질문인지도 모르겠습니다.

어떤 사람이 길을 가다가 이유를 알 수 없이 얼굴을 폭행당했을 때, 사람들은, 그리고 수사관들은 "왜 얼굴을 들고 다녔느냐?"고 묻지 않습니다. 밤길을 걷다가 지갑을 절도당한 사람에게 "왜 지갑을 가지고 다녔느냐?"고, 누군가 자신의 집에 불을 질렀을 때 "왜 막지 않았느냐?"고 묻지도 않고요. 그러나 유독 성폭력 피해자들에게는 "왜 밤늦게 어두운 길을 걸어 다녔는지, 왜 야하게 입었는지, 왜 가해자를 따라갔는지, 너도 즐긴 것은 아닌지"를 캐물으며 결국 성폭력 발생의 원인을 피해자에게 돌려 버립니다. 이러한 인식들은 사실과 다른 왜곡된 인식이라는 의미에서 '성폭력 통념'이라고도 부르고, 실제로는 없었던 일이 부풀려져서 마치 진짜인 것처럼 통용된다는 의미에서 '성폭력 신화'라고도 부릅니다.

성폭력이란 무엇일까요?

그렇다면, 성폭력에 대한 대표적인 통념을 몇 가지 살펴볼까요?

첫째, 남성의 성욕에 관한 환상들입니다. 성폭력은 억제할 수 없는 남성의 성충동 때문에 일어난다거나 여성에 비해 남성은 성욕이 강하고 그래서 여성들의 야한 옷차림 등이 성폭력을 유발한다는 것들입니다. 만약 이처럼 남성의 성욕이 '본능'으로만 설명된다면 대부분의 성폭력은 충동적으로만 발생해야 하고, 옷을 야하게 입지 않으면 성폭력이 발생하지 않아야 합니다. 하지만 성폭력은 나이, 성별, 사회적 위치, 체격 등에서 차이가 많이 나는 관계에서 대부분 발생하고, 피해자가 주변에 도움을 요청하기 어려운 상황일 경우 더욱 지속적이고 계획적으로 발생하기 때문에 '성욕 때문'이라는 통념은 성폭력이 발생하는 보이지 않는 힘의 구조를 설명하지 못합니다. 성욕은 성별 간 차이보다 개인 간 차이가 큽니다. 그럼에도 불구하고 여성은 성적 욕망이 적고, 남성의 성욕은 강하므로 참지 않아도 된다고 이야기해 온 사회문화적인 배경 속에서 성폭력 가해자를 두둔하는 문화가 이어져 오고 있다고 생각돼요. 따라서 현재 90% 이상의 성폭력 가해자는 남성이고, 90% 이상의 성폭력 피해자가 여성인 것은 특정 성별이 선천적으로 문제가 있다기보다는 사회적으로 만들어진 잘못된 통념이 큰 영향을 미치는 것으로 볼 수 있습니다.

둘째, 피해자의 저항 여부와 관련된 통념들입니다. 예를 들어

끝까지, 강하게 저항하면 강간은 불가능하다거나, 피해자는 처음에는 저항하지만 나중에는 그것을 즐기기도 한다는 착각이 대표적입니다. 성폭력은 살인, 방화, 폭력 등 다른 범죄와 다르게 피해자의 '저항 여부'를 중요하게 여겨 온 범죄입니다. 성폭력은 대부분 둘만 있는 공간에서 발생하기 때문에 피해자와 가해자의 진술이 제일 중요한 증거가 되지요. 만약 정말 '동의'나 '합의'하에 성적 관계가 발생했다면, 피해자가 신고/고소할 이유가 없음에도 성폭력 피해자들은 '거짓말'을 많이 한다는 편견을 바탕으로 피해자가 얼마나 강하게 저항했는지, 왜 도망가지 않았는지 여부로 성폭력을 판단하기도 합니다. 그러나 대부분의 여성/피해자들은 예상치 못한 위기 상황이 닥쳤을 때 '알아서 조심하라'는 말 외에 대처할 수 있는 방법을 배운 적이 없거나, 저항해도 안 될 것이라는 무기력감으로, 때로는 강하게 저항했을 때 더 큰 폭력이 동반될까 봐 저항하지 않는 방식을 '선택'하기도 합니다. 더욱이 하지 말라는 의사 표현을 했으나 '무시'되는 경우도 허다합니다. 성과 관련된 각종 영상물, 미디어 들은 강간을 '조금 난폭한 성관계'로 왜곡하는 경우가 많은데, 이러한 각본들에 익숙해져 있다면, 성적인 의사소통은 더더욱 왜곡될 가능성이 크겠지요. 그래서 성폭력의 판단 기준은 단순히 상대가 동의했는지 여부를 넘어서 어떻게 상대의 의사를 들으려 했고, 어떻게 들었는가를 중심으로 가해자에게 묻는 방식이 되어야 합니다.

셋째, 피해자와 가해자의 관계를 통해 피해를 '의심'하는 통념들로, 친밀한/데이트/부부 관계에서는 성폭력이 일어날 수 없다거나, 모텔 등에 동의하에 함께 간 경우는 성폭력이 성립될 수 없다는 신화입니다. 2018년 한국성폭력상담소에서 상담한 통계를 보면 성폭력 상담 1,760회(1,189건) 중에 아는 사람에 의한 피해가 1,029건(86.5%)으로 이 중에 성인의 경우 직장 관계에 있는 사람에 의한 피해가 342건(37.9%)으로 가장 높았습니다. 청소년은 학교 관계에 있는 사람에 의한 피해가 33건(24.3%)으로 가장 높았고, 친족에 의한 피해가 27건(20.2%)으로 뒤를 이었습니다.*

친밀한 관계나 가족 간의 성폭력은 모르는 사이에서 발생한 성폭력보다 신고하기도 어렵고, 그 사건을 성폭력으로 인식하기도 어려운 경우가 많습니다. 친밀한 관계에서는 동의와 거절, 사랑과 협박, 조르거나 삐지는 일, 동의하지 않았으나 때로는 합의하지도 않은 여러 층위의 의사 표현들이 경계를 오가기 때문입니다. 친밀한 관계/데이트 관계/이전에 성적 경험이 있는 관계라고 해서 상대의 몸이 언제나 자신의 것이라고 생각해서는 안 되며, 둘만 있는 공간에 함께 간 것이 곧바로 성관계에 동의했다는 뜻도 아닙니다. 더욱이 성적 관계를 동의한 후 어딘가로 이동하거나 스킨십이 진행되었다고 해서 모든 행동이 용인되는 것도 아닙니다. 가장 중요한 것은 상대와 감정을 소통할 수 있는 자세입니다. 성폭력이 일어날 수 없는 관계는 없을 뿐 아니라, 오히려 친밀한 관

* 한국성폭력상담소, 「2018년 한국성폭력상담소 상담통계」, 2018.

계에서의 왜곡된 의사소통이 더 많은 성폭력을 일으킬 수 있음을 기억할 필요가 있습니다.

여성단체들에서 말하는 성폭력이란 개인의 성적 자기 결정권을 침해하는 범죄로, 강간뿐 아니라 추행, 희롱 등 모든 신체적, 언어적, 정신적 폭력을 포괄하는 것으로서 상대방의 의사를 침해하여 이루어지는 모든 성적 언동을 말합니다. 법에서 규정하고 있는 성폭력이 성추행/강간과 성희롱 등으로 구분되어 있는 것과 조금은 다르지요. 많은 시민사회단체와 공동체 들이 추행, 강간, 성희롱을 엄격히 구분하지 않고 이것들을 다 성폭력이라고 부르는 이유는 물리적 행위나 신체적 손상만을 중심으로 '심각한 피해'와 '덜 심각한, 별것 아닌 피해'로 구분하지 않기 위해서입니다.

왜냐하면 피해자의 경험에서 성폭력은 그것이 발생한 그 순간의 기억뿐 아니라 그 사건을 신고/고소/문제 제기/폭로한 이후 주변인들의 반응에 따라 큰 영향을 받기 때문에 그 당시의 피해만으로 전체 피해의 정도를 가늠하기 어렵습니다. 한국성폭력상담소 부설연구소 울림이 2015년부터 진행한 연구에 따르면, 성폭력 후유증은 신체적 훼손과 관련된 성폭력의 유형보다 사건 이후 주변인들의 반응, 사법부의 태도 등에 의해 더 영향을 받았습니다. 다시 말해, 성폭력의 유형과 관계없이 성폭력 피해를 누군가에게 말한 이후, 지지와 응원, 그리고 가해자에 대한 적법한 처벌이 이루어졌을 때 피해자들은 회복 속도가 빠를 수 있지만, 가족, 친구, 동료 등 주변인이 오히려 자신을 비난하거나, 가해자가 적절한 처벌을 받지 않았을 경우 성폭력 후유증은 더 심하게 나타나기도 했습니다. 그리고 우리는 그것을 성폭력 '2차 피해'라고도 부릅니다.

위에 말한 것과 같이 성폭력에 대한 통념이나 신화가 강한 사회에서 피해자들은 2차 피해를 경험할 가능성이 크고, 피해 경험을 말하기 어려워하며, 그래서 성폭력 신고율은 여전히 10%를 넘지 못하고 있습니다. 이런 상황에서 2018년 초부터 강하게 불붙고 있는 미투운동, 특히 스쿨미투운동은 엄청나게 특별하고, 혁명적인 일입니다.

아직 끝나지 않은 싸움, 용화여고의 사례

그간 대학교를 중심으로 한 미투운동들은 종종 있어 왔지만, 중고등학교에서의 미투운동은 매우 드물었습니다. 그러나 2018년 3월 15일, 서울에 위치한 용화여자고등학교의 졸업생들은 '용화여고 성폭력 뿌리뽑기위원회'를 만들어 교사들에 의한 성추행 등의 성폭력 피해를 폭로하고, 재학생을 대상으로 한 설문 조사를 진행했습니다. 이때 337건의 응답이 접수되었고, 이 중에서 성폭력을 직접 경험했다는 응답도 175건에 달했습니다. 이러한 졸업생들의 움직임에 대해 4월 6일, 재학생들은 학교 교실 창문에 포스트잇으로 '#WITH YOU', 'WE CAN DO ANYTHING', '#METOO'의 문구로 응답하였습니다. 학교에서는 이 일이 언론에 알려지자 포스트잇을 자발적으로 제거하라는 등의 내용을 담은 교내 방송을 내보내서 공분을 사기도 했죠. 그러나 결국 지난 8월 서울시 교육청에서 특별 조사를 진행하였고, 결국 학생 대상 성폭력에 연루된 교사 18명에 대한 징계가 이루어졌습니다.* 그러나 파면·해임·계약해지 처분을 받은 교사 3명 중 파면된 교사 1명은 절차상의 문제를 이유로 징계 처분이 취소된 상태이고,** 나머지 교사들은 학교로 돌아왔습니다. 그러나 제대로 된 사과나 반성은 없었고, 시민단체가 요구하여 진행된 성평등 교육 두 번이 전부였습니다. 특히 교육청 조사를 받고 돌아온 한 교사가 자신을 지목한 사람을 찾을 것이라는 말이 돌자, 학생들은 자신에게 불이익이 오지 않을까 불안해하고 있는 상황입니다.*** 이것은 다른 사례들에서도 드러나듯이 성폭력은 '폭로'되는 것에서 끝나는 것이 아니라 그 후에 발생할 수 있는 2차 피해에도 주목해야 하며, 우리의 지속적인 관심이 필요함을 보여 주고 있습니다.

2018년 상반기 내내 꾸준히 증가하던 스쿨미투는 9월 중순에 이르면 총 20여 개 중고등학교가 폭로되고, 한 신문은 9월 7일부터 12일까지 스쿨미투 관련 해시태그가 달린 트윗이 무려 143만 5,800건이라고 보도했습니다.**** 스쿨미투가 엄청난 속도와 양으

---

* 「'스쿨미투' 서울 용화여고, 성폭력 연루 교사 18명 징계」, 『한겨레』, 2018. 8. 22.
** 「스쿨미투 촉발한 용화여고 파면 교사, 소청에서 징계 취소」, 『뉴시스』, 2019. 1. 25.
*** 「'스쿨미투' 이끌어 낸 용화여고의 그 이후는?」, 『시사인』, 2019. 2. 27.
**** 「#스쿨미투 트윗 140만 건, 시작은 충북여중」, 『중앙일보』, 2018. 9. 13.

로 증가하고 있는 중임을 알 수 있습니다.***** 이들의 내용을 살펴보면 주되게는 교사/남학생에 의한 성폭력(2차 피해 포함), 교사(직원 포함)에 의한 교사(직원 포함) 성폭력, 교사에 의한 성차별적 발언, 여학생과 남학생에게 차별적인 학내 규칙 등이 눈에 띕니다. 특히 개별 성폭력에 국한하지 않고 성차별적인 학교 문화에 근본적으로 저항한다는 점에서, 학생들이 보수적인 학교의 성문화와 반대로 높은 성인지 감수성을 지니고 있다는 것을 알 수 있습니다.

스쿨미투는 학생뿐 아니라 이미 학교를 졸업한 많은 여성들에게도 공감을 얻기 충분해 보입니다. 여자 중고등학교를 다닌 제 기억에도 학교마다 '변태 선생' 한두 명씩은 있었고, 겨드랑이 쪽의 '애매한' 신체 부위를 꼬집거나, "여자는 이래야 되고, 남자는 이래야 된다, 어떻게 해야 시집을 잘 간다."는 류의 성별 이분법을 피력하는 선생님들도 허다했습니다. 학생들은 선생님의 말을 잘 들어야 한다는 교육을 받아 왔기 때문에 친구들끼리는 쑥덕거릴지라도, 앞에서 문제 제기하는 경우는 거의 없었습니다. 일부 가해 선생님들은 "딸 같아서", "예뻐서", "잘되라고 그랬다."고 말하기도 하지만, 예쁘다는 이유로, 딸 같다고 해서 상대의 신체에 접근할 수 있는 권리는 그 누구에게도 없습니다.

그러나 초등학생 때부터 쌓아 올려야 하는 '스펙'에는 봉사 활동이나 내신 성적만이 아니라 학생에 대한 교사의 평가가 중요하

***** https://twitter.com/hashtag/스쿨미투

게 작용하기 때문에 문제 제기는 갈수록 더 어려워졌을지도 모르겠습니다. 이것이 '위력에 의한 성폭력'입니다. 위력이란 폭행이나 협박이 없이도 작동하고, 교사와 학생이라는 위치 자체가 위력을 포함하고 있기 때문에 불편함을 표현하기 어렵습니다. 스쿨미투가 재학생이 아니라 졸업생을 중심으로 일어나기 시작했다는 것도 학생이라는 불안한 위치와 조건을 짐작하게 합니다.

교사에 의한 성추행뿐 아니라 남학생에 의한 성폭력, 특히 최근 급증하고 있는 불법 촬영 및 유포, 사진 합성 등의 문제도 '장난'이나 '호기심'과 같은 표현들로 이야기되어 왔습니다. 상대를 고통에 빠뜨리는 장난은 장난이 아니며, 상대의 합의를 얻지 않은 성적 행동은 호기심이 아니라 폭력임에도, 가해 학생들의 미래를 걱정해 달라며 작은 일로 치부하거나 묵인하기 일쑤였습니다. 이는 학교 내 성문화나 구성원들의 성평등 인식과 떼어 놓고 생각하기 어려운 부분이기도 하지요.

성차별, 성폭력 문제가 지금 언급되고 있는 몇몇 학교들만의 문제는 아닐 것입니다. 우리 학교'만' 문제가 아니라 우리 학

ME TOO
WITH YOU
우리는 서로의 용기다.
스쿨 미투
여학생을 위한 학교는 없다.
친구야 울지마.
SCHOOL ME TOO
#WITH YOU ♡
WE CAN DO ANYTHING
#ME TOO # ♡
나도 말한다! #METOO #WITHYOU

교'도' 문제입니다. 성차별적인 교과서, 여학생과 남학생에게 달리 적용되는 복장 규율, 엄마와 아빠의 불평등한 삶에 대한 의문점, 남동생/오빠와 자신에게 다르게 주어지는 기대와 역할, 불법 촬영과 밤거리에 대한 두려움은 체화되고 전승되어 당연한 일상이 되기에 스쿨미투는 단지 스쿨만의 문제가 아닙니다. 불평등한 한국 사회의 성문화 전반에 대한 당사자들의 치열한 저항이고 도전입니다. 학생들은 숱한 성차별, 성폭력을 견뎌야 한다는 것도 학습했지만, 약자들의 말하기가 얼마나 큰 반향을 일으킬 수 있는지에 대한 '말하기의 힘'도 학습했습니다. 학생들은 더 이상 약자나 피해자가 아니라 운동가이자 주체로 움직이고 있으며, 스쿨의 담장을 넘어 이 사회의 모순에 대적하면서 활동하고 있습니다.

이미 변화는 시작되고 있습니다

학교 내 성폭력이 발생하지 않기 위해서는 성문화를 바꾸기 위한 인식 개선 운동이 필요합니다. 정규직과 비정규직, 교사와 학생, 남학생과 여학생, 선배와 후배 등의 관계에서 발생하는 위계적인 권력의 속성에 대해 문제 제기할 수 있으려면, 기본적으로 학생들의 인권이 보장되어야 합니다. 학내 징계위원회 등에 학생 대표가 참석한다거나, 자발적으로 성문화 개선 활동을 펼칠 수 있는 조건을 열어 줘야 할 것입니다. 또한 이미 사건이 발생하였다면 적절한 처리를 위하여 우리 학교의 성/폭력 사건 처리에 관한 절차가 현실성 있게 구성되어 있는지, 상담원들의 역량 강화 시스템은 잘 갖추어져 있는지 등도 살펴봐야 하고, 특히 사립학교의 경우 사립학교법 등에 의해 사건이 은폐될 여지가 있지는 않은지 엄밀하게 검토해야 합니다. 또한 몇몇 지자체에서 규정하고 있는 학생인권조례가 우리 학교에서 잘 지켜지고 있는지 모니터링하는 작업도 필요할 것 같아요. 이를 통해 변화가 필요한 부분들을 바꿔 나갈 수 있어야 하겠습니다.

무엇보다 공동체 구성원들은 고통에만 빠져 있는 수동적 피해자가 아니라 역량이 강화될 수 있는 주체로서, 리더십 있는 사건 해결자로서, 운동가로서 피해자를 바라보는 시각이 전제되어야 하며, 이는 피해자 스스로 노력해서 되는 것이 아니라 신뢰할 수 있는 공간과 문화가 조성되어 있을 때 가능하다는 사실을 잊지 말아 주세요.

2018년 1월, "초·중·고 학교 페미니즘 교육 의무화"에 대한 국민청원 운동에 21만 3,219명이 참여했다시피, 단편적인 성폭력 예방 교육을 할 것이 아니라 저학년 때부터 체계적으로 인권교육, 성평등 교육을 의무화하여 페미니즘이 '특별한 생각'이 아니라 '당연한 인권의 가치'로 받아들여질 수 있도록 해야 할 것입니다. 이러한 과정에서 청소년을 성적으로 무지하고 '보호'해야 할 존재로 남겨 둘 것이 아니라, 본인의 성적 욕망을 드러낼 수 있고 안전하게 성적 욕구를 채울 수 있는 존재로 인정하고 실질적 피임 교육을 실시해야 합니다. 그리고 '애매한 동의'가 아니라 '적극적 합의'를 나눌 수 있는 의사소통 훈련 등이 함께 이루어져야 하겠지요. 그만큼 페미니스트 교사의 존재와 활동이 대단히 중요하기도 하겠고요. '좋은' 선생님은 차별에 순응하는 것이 아니라 차별에 저항할 수 있는 힘과 언어를 알려 주고, 학생들이 스스로 힘을 얻을 수 있도록 독려하는 선생님입니다. 차별받아도 되는 사람은 없으니까요.

한국성폭력상담소에서는 성폭력 피해자에 대한 왜곡된 시선, 피해자의 말하기를 주저하게 만드는 사회적 인식에 저항하면서 2003년부터 성폭력 피해 생존자 말하기 대회를 개최하여, 현재까지 그 역사를 이어 오고 있습니다. 단지 가해자에 대한 '폭로'뿐 아니라, 나의 경험을 우리의 경험으로 공유하고 재해석하기 위해서 피해 경험자들의 언어를 축적해 가는 과정이라고 할 수 있지요. 그 과정에서 우리는 '잘 말하는 법'이 아니라 '잘 듣는 법'을 매번 배우고 있습니다. 성폭력 피해자들의 '말하기'는 '잘 듣는 사람'이 있어야 가능합니다. 그동안 우리 주변의 수많은 미투운동들을 지나쳐 온 것은 나 스스로가 잘 듣지 못했던 때문이 아닌지, 지금이라도 결코 특별하지 않은 수많은 일상적인 경험들에 어떻게 응답할 것인지를 고민해 봐야 할 때가 아닌가 합니다.

스쿨미투에 먼저 목소리를 내기 시작한 졸업생들, 그리고 함께하는 재학생들과 선생님들 모두에게 응원의 메시지를 보냅니다. 우리가 함께할 방법들은 많습니다. 스쿨미투 해시태그를 SNS

에 공유하는 것, 또 여러 가지 공동 행동이나 관련 서명 운동에 동참하는 것부터 시작일 수 있을 것입니다. 학교와 학교 밖은 분리되어서 변화될 수 없고, 서로가 서로에게 큰 영향을 미칩니다. 그러나 적어도 학교에서부터 변화를 시작할 수는 있을 것입니다. 학교는 실패와 체념의 공간만이 아니라 가능성과 실험의 공간이 될 수 있음을 알고 있으니까요. 만약 지금까지 한 번도 이 문제가 나에게 깊이 다가오지 않았다면, 나는 사회적으로 힘이 있는 위치에 있거나 가지고 있는 자원이 많은 사람일지도 모르겠습니다. 피해자들의 경험, 약자들의 언어가 들리지 않는 것은 내가 그럴 필요가 없는 위치에 있었기 때문이니까요. 이제라도 늦지 않았습니다. 길거리의 불필요한 턱이 누군가의 이동을 방해할 수 있다는 것, 장난삼아 했던 농담이 상대에게는 전혀 재미있지 않을 수 있다는 것, 성적 스킨십에서 상대의 침묵이 사실은 거절을 의미했다는 것들은 노력해야만 들리고 보일 수 있습니다. 그리고 더디지만 노력하고 있는 수많은 사람들이 함께 있기에 당신은 혼자가 아닙니다. 함께하면 세상이 변화될 수 있다는 작은 믿음이 있다면, 이미 변화는 시작되고 있는 것입니다.

미투운동 – 당신은 혼자가 아닙니다

차별과 혐오가 '노잼'인
교실 상상하기

7
또래 문화

김애라

어른이 되고 나서도 늘 십대들의 성장소설이나 성장 드라마에 끌렸고, 대학원에 들어가면서부터는 본격적으로 십대들과 놀고, 시간을 보내고, 또 이들을 연구했다. 십대 여성들의 디지털노동에 관한 연구로 여성학 박사 학위를 받았고, 지금은 디지털 공간의 페미니스트 주체들에 관해 연구 중이다. 이화여대, 서강대, 서울시립대학교에서 여성학을 강의했다. 쓴 책으로 『더 나은 논쟁을 할 권리』(공저), 『디지털 미디어와 페미니즘』(공저), 『소녀, 설치고 말하고 생각하라』(공저), 『페미니스트 선생님이 필요해』(공저) 등이 있다.

'프로 불편러'와 '쿵쾅쿵쾅'이라니?

'불편러'라는 말을 알고 있나요? '쿵쾅쿵쾅'이라는 말은요? '메갈'이라는 말은 또 어떻습니까? 아마도 지금 친구들 사이에서 자주 쓰는 말일 것입니다. 그런데 종종 혹은 자주 이 말들을 접하면서 이것이 어떻게 해서 만들어진 것인지 생각해 본 적 있나요?

사실 저는 몇 해 전 '불편러'라는 말을 처음 들었을 때, 불필요하게 너무 자주 불평을 늘어놓아서 주변을 괴롭히는 사람을 가리키는 것이겠거니 생각한 적이 있습니다. 하지만 얼마 안 가 '불편러'가 우리 사회의 부조리, 차별, 부정의 등에 대해 이야기하는 사람을 일컫는다는 것을 알고 크게 놀랐습니다. 그리고 이 '불편러'라는 말은 곧잘 '쿵쾅쿵쾅'이나 '메갈' 같은 말과 함께 사용되더군요. 특히 성차별에 대해 반대하거나 성차별적 관행에 이의를 제기하는 여성들을 '쿵쾅쿵쾅', '메갈'이라고 부르고, 또한 이러한 말이 대단히 부정적인 의미임을 알게 되었습니다.

'쿵쾅쿵쾅'은 성차별을 문제화하는 여성들의 외모를 비하하는 표현이죠. 페미니즘이나 성평등에 관심 있는 여성들은 외모가 나빠서 남성들로부터 사랑도 선택도 받지 못한 결핍된 여성들이라는 의미가 내포되어 있습니다. 그리고 '메갈'은 디시인사이드 '메르스 갤러리' 여성 이용자들이 스스로를 '메갈리아'라고 부른 데서 온 말입니다. 메르스가 한국에서 처음 발병했을 당시 홍콩에서 메르스 증상을 보인 한국 여성 두 명이 격리 조치를 거부했다는 뉴스가 나오자, 메르스 갤러리에는 '김치녀 그럴 줄 알았다.'는 식의, 여기 옮기기 어려울 만큼 심한 여성 비하 글들이 쏟아졌습니다. 하지만 이 기사는 나중에 오보임이 밝혀졌고, 메르스 갤러리의 여성 이용자들은 남성 이용자들이 즐겨 쓰는 표현을 반사적으로 남성들에게 돌려줬습니다. 즉 미러링을 한 것이죠.

미러링이 이들의 주요한 전략이었다는 점은 스스로를 '메갈리안'으로 이름 붙인 것과도 관계가 있습니다. '메갈리아'는 디시인사이드의 '메르스 갤러리'와 『이갈리아의 딸들』(황금가지, 1996)이라는 소설 제목의 합성어입니다. 『이갈리아의 딸들』은 여성과 남성의 사회적 지위와 성역할을 완전히 뒤바꾼 사회를 그린 노르웨이 작가의 소설로, 미러링을 통해 현재 남성 중심적 사회에서 여성이 겪는 차별을 오히려 더 잘 볼 수 있게 해 줍니다. 즉 메갈리아는 디시인사이드의 남성 중심적 사고와 여성 차별적 문화를 소설 『이갈리아의 딸들』에서처럼 거꾸로 남성들에게 돌려줌으로써 역지사지를 촉구한 것입니다.

이 글은 십대들 사이에서 '불편러', '쿵쾅쿵쾅', '메갈'이라는 말이 왜 부정적인 표현으로 사용되고 있는지를 궁금해하면서 시작되었습니다. 이 궁금함은 단순히 십대들의 언어생활에만 국한된 것은 아닙니다. 저를 포함한 많은 어른들은 십대 시기의 과격한 표현들, 혹은 십대들의 또래 문화에서 통용되는 은어나 비속어를 무조건 나쁘다고 생각하지 않습니다. 십대들이 성장한 이후에는 그러한 표현들을 조금 덜 사용하게 되리라는 것을 알기 때문이지요. 다만 이러한 말들과 친숙하게 지내는 동안 사회와 타인을 바라보는 시각도 부정적인 영향을 받을 수 있다는 점을 우려하는 것입니다.

이런 점에서, 제가 '불편러', '쿵쾅쿵쾅' 같은 말들에 관해 가지는 궁금함은 이 단어들이 십대들 사이에서 나쁜 표현이 된 게 도대체 무엇을 의미하는지, 지금 우리 사회의 십대들은 사회와 타인들에 대해 어떻게 생각하고 있는지에 대한 궁금함입니다.

교실 속 성차별

'강남역 여성 살해 사건'* 이후 온라인상의 다양한 공론장에서는

---

* 2016년 5월 17일 강남역의 한 상가 건물 화장실에서 여성이 아무 이유 없이 살해당한 사건입니다. 당시 범인이 여성을 노리고 범행을 실행했다는 사실을 접한 많은 여성들은 '여성'이라는 이유로 살해 대상이 된다는 점에 분노했습니다. 이 사건은 오늘날 십대, 이십대 여성들에게 '페미니즘'이나 '성차별' 문제를 적극적으로 인식토록 하는 계기가 되었습니다.

또래 문화 – 차별과 혐오가 '노잼'인 교실 상상하기

연일 여성에 대한 성차별 이슈가 뜨거운 감자로 등장했습니다. 곧 이어 소라넷 폐지 운동과 #미투운동, 그리고 불법 촬영 영상(몰카) 등에 관한 여성들의 문제 제기가 점차 페미니즘, 성차별에 관한 더 많은 대중들의 관심으로 이어졌습니다. 그리고 그러한 대중들 가운데서 십대 여성들은 자신들이 경험하고 있는 차별에 대해 적극적으로 이야기하고 변화를 요구하는 사람들로 공론장에 등장했습니다.

지금 십대들은 학생 혹은 미성년자라서 주로 부모님과 선생님의 의견을 수용하는 것이 당연하다고 여겼던 이전과 달리, 자신들이 경험한 부당한 일들에 관해 직접 목소리를 내고 있습니다. 성차별적 또래 문화와 교사들의 태도에 반대하는 십대들이 늘어나고 있고, 나아가 부당한 차별 경험을 적은 포스트잇을 학교 곳곳에 붙이거나 '스쿨미투'로 문제를 적극적으로 제기하기도 합니다. 이 같은 움직임은 비단 여학생들에게만 국한된 것은 아닙니다. 남학생들 중에서도 남성 중심적인 또래 문화를 불편하게 여기거나 페미니즘을 알고 싶어 하는 경우도 생기고 있습니다.

그런데 온라인 공간을 매개로 젠더 이슈*에 대한 관심이 증가한 만큼 부정적 여론 또한 형성되었습니다. 인터넷 게시판이나 기

---

* '젠더'는 생물학적인 성을 뜻하는 '섹스'의 상대적인 개념으로서, 사회적인 성을 뜻합니다. 부연하자면, 문화적 혹은 역사적 의미의 여성과 남성, 그리고 한 개인에게 사회적으로 기대되는 성을 의미합니다. '젠더 이슈'라는 표현은 우리 사회에 위계적으로 구성되어 있는 여성성과 남성성의 문제를 일컫습니다.

사 댓글 등에서 쉽게 찾아볼 수 있듯이 사회적 소수자에 관한 이슈, 차별에 관한 이슈들은 어느샌가 성 대결의 구도 속에 놓이게 된 것이죠.

이러한 상황은 교실에서도 마찬가지입니다.

"생리 땜에 생리결석 이틀 썼는데 메갈 소리 듣기 싫으니 이제 학교 가야지."

"나도 학교에서 페미 선언하면 나보고 메갈쿵쾅 이러겠지? 메갈이라고 낙인찍혀서 일상생활 제대로 못 하겠지?"

"내가 페미니스트라는 이유로 나와 말을 섞지 않는 애도 있다."

"다른 인권에 대한 문제는 그냥 스스럼없이 얘기하면서 여성 인권, 페미니즘에 대해서는 조심스럽다면서 이야기하기를 꺼린다. 같은 인권 운동인데 왜 다르게 생각해?"

십대 여성들의 성차별에 대한 문제 제기는 갑작스럽게 만들어진 것이 아닙니다. 학교에는 아주 역사가 오래된, 2018년 스쿨미투에서야 드러나고 있는 선생님들의 성희롱/성차별적 언동이 있습니다. 학생들은 또 어떤가요? 남학생들이 서로에게 장난치고 욕할 때 쓰는 여성형 욕, 친구가 재미없는 말을 할 때 날리는 패드립(패륜드립), 그리고 여학생들에게 일상적으로 가해지는 외모 품평과 성적 비하······ 이처럼 온갖 혐오 표현이 만연한 곳이 바로 학교 교실입니다.

'느금마', '걸레', '게이/레즈' 등의 혐오 발언은 재미있고 웃기는 말로, 그리고 또래 놀이문화로 치부되고 있습니다. 마음에 안 드는 친구를 놀리거나 비하할 때 주로 쓰는 말들 중 상당수가 상대방을 여성화하는 표현이라는 것을 쉽게 알 수 있습니다. 상대방을 여성적 지위에 둠으로써 자신이 우위에 있음을 표현하려는 것이죠. 이 같은 말들은 우리 사회 성차별이 여전히 공고하다는 사실을 알려 줍니다. 또 우리 사회에서 함부로 이야기해도 되는, 혹은 차별하고 비하해도 되는 사람이 누구인지를 알려 줍니다. 그러한 생각을 또래와 공유하며 다시 강화합니다. 그리고 적어도 이 같은 언어를 즐겁고 재미있게 사용하는 집단 내에서는 아무 문제 없이 받아들여집니다.

도대체 왜 이런 말들이 많은 십대들 사이에서 재미있는 놀이로 자리 잡게 되었을까요? 어떻게 이 말들은 웃긴 것, 분위기를 띄우는 표현이 된 걸까요?

차별과 막말이 놀이이자 재미가 된 시대

1인 미디어가 대중화되면서 개별성, 고유성, 독특성의 중요성이 점차 높아지고 있습니다. 많은 사람들이 자신의 독특성을 무기로 주목받고 싶어 합니다. 스스로를 다른 사람보다 더 튀고 더 센 사람으로 보여 주고 싶을 때 가장 쉽고 간편한 방법 중 하나가 바로 다른 사람을 무시하거나 비하하는 것입니다. 이미 우리는 이러한 간편한 방법으로 인기와 부를 얻은 BJ와 인터넷 개인 방송들을 알고 있습니다. 몇 해 전부터 십대들 사이에서 큰 인기를 끈 '철구'나 '신태일' 등을 필두로, 기행이나 게임 등을 주제로 사회적 약자를 비하하고 희화화하거나 욕설, 음담패설 등으로 이목을 끌며 인기를 얻는 인터넷 유명인들이 많아지기 시작했습니다. 그리고 이들이 쓰는 언어는 학교에서 빠르게 유행했죠. 그런데 과연 이들의 언어만 유행한 것일까요? 이들이 전하는 말 속의 메시지나 생각은 아무런 영향도 미치지 않았을까요?

오늘날 십대들은 디지털 미디어의 주요한 수용자입니다. 전 세대를 통틀어 텔레비전 대신 인터넷 방송을 가장 많이 보는 세대가 바로 십대입니다. 그런데 이러한 변화가 앞서 말한 '불편러', '쿵쾅쿵쾅' 등과는 어떻게 연결이 될까요?

소셜 미디어에서 특정한 정보나 여론이 우세하게 되는 데에는 내가 어떤 정보들에 더 많이 노출되어 있는가, 자주 접하는 디지털 콘텐츠가 무엇인가와 연결되어 있습니다. 특히 디지털 미디어의 헤비유저인 십대들은 원하는 정보, 자신의 입맛에 맞는 이야기와 뉴스만을 전하는 닫힌 정보의 서클 속에만 있게 될 확률이 높습니다. 게다가 우리 사회에는 여성 혹은 남성으로서의 성별 범주에 따라 관심을 가질 만한 취미나 관심사가 나누어지거나 특정한 취미나 관심사를 가지도록 독려받기도 합니다. 그 결과 지금 십대들은 성별에 따라 각기 뷰티 콘텐츠를 더 선호하거나 게임 콘텐츠를 더 선호하게 됩니다.

예컨대 많은 남자 청소년들이 이용하는 '일베'(일간베스트)를 비롯한 수많은 인터넷 게시판에는 여성들의 특정한 행동을 유독 부정적으로 묘사하는 가짜 경험 글이나 콘텐츠 들이 만연합니다. 성차별적인 통념은 '가짜 뉴스', '가짜 정보'를 통해 빠르게 공유, 재생산되고 있습니다. 예컨대 남초 커뮤니티나 게임 방송 같은 곳에서는 게임을 잘 못하거나 진지하고 입바른 이야기를 하는 사람들을 여성화하거나, 여성이나 성소수자를 희화화, 대상화, 비하함으로써 재미와 인기를 얻기 위한 노력을 합니다. 여성이나 성소수자에 대한 성적 대상화와 성차별적 인식이 더욱 고착되기 쉬운 정보환경에 있게 된 것이죠.

학교 교실에 도착한 차별적 문화는 이같이 여성을 동등한 시민이나 동료가 아니라 성적 대상으로 소비하는 일베 류의 사이트와 유튜브 방송 및 온라인 게임 채널 등을 답습합니다. 디지털 콘텐츠 속에서 차별과 혐오의 언어는 재미와 놀이의 언어가 되고, 더 큰 재미, 더 많은 주목을 얻기 위해 남용될 필요가 생기는 것이죠. 그런 뉴스 자주 접하지 않나요? 특정 커뮤니티에서 자신의 입지와 인기를 높이기 위해 일부러 여성을 향해 과도하게 적대적인 표현을 쓰거나 불법 촬영 영상을 업로드했다는 뉴스 말입니다.

하지만 이것들은 어쨌든 놀이의 장인 소셜 미디어, 인터넷 커뮤니티, 메신저 등에서 공유되기 때문에 단지 재미있는 '콘텐츠'일 뿐이라고 생각하기 쉽습니다. 게다가 많은 사람들이 접하고 서로 공유하는 콘텐츠인 경우에는 이것을 나쁘다고 생각하기보다 놀이, 농담, 재미로 여기는 경우가 더욱 많습니다. 불법 촬영 영상이나 소위 말하는 패드립 등이 익숙한 이유도 그것이 인터넷 콘텐츠이고 많은 사람이 이용하기 때문일 것입니다. 즉 성차별적 문화는 더욱 노골적이고 자극적인 방식으로 재미를 추구하는 유저들이 인기를 얻는 오늘날의 디지털 문화 속에서 빠르게 확산, 재생산되고 있는 것이죠.

차별에 반대하는 목소리와
차별을 반대하는 목소리에 반대하는 목소리

앞서 말했듯, 현재 학생들 사이에서 만연한 성차별 문화는 그 자체로 또래 문화를 형성하고 있습니다. 특히 지배적인 남학생 또래 문화에서는 성차별적 언어 사용을 재미있는 놀이의 일종으로 인식하고 있습니다. 이런 이유로 최근 십대들이 겪고 있는 또래 성폭력은 '과한 장난'으로 포장되고 있으며, 특히 남학생 간 '과한 장난'은 이성 간 혹은 여학생들 간에 이루어지는 것에 비해 그 정도와 빈도가 훨씬 높습니다. 이 같은 지배적 또래 문화는 생각보다 강력한 힘을 발휘합니다. 누군가가 상처받거나 괴롭힘을 당해도 잘못된 것이라고 말하기가 너무나 어려운 일이 된 것입니다. 불편한 기색을 표하는 순간 '계집애 같은 놈'이 되고 마는 것이죠.

결국 조금 다른 생각을 하는 남학생은 입을 다물거나 유쾌하지 않은 또래 문화를 어쩔 수 없이 견디게 되고, 이 유쾌하지 않은 상황은 지속됩니다.

폭력적 또래 문화는 점차 일부 남학생들뿐만 아니라 여학생들을 포함한 전체 또래에 영향을 미치고 있습니다. 예컨대 여학생들도 성차별적인 또래 문화로부터 자신을 지키려는 의도에서 출발해 점점 더 세게 말하기, 소수자를 들먹이는 부정적인 표현 사용하기, 상대방을 여성화하면서 자신이 우위 점하기 등 남학생들의 문화를 닮아 가기 시작했습니다.

그런데 흥미롭게도 이 같은 주류적 경향에서도 여학생과 남학생들 간에 평등과 인권에 대한 현저한 인식 차가 드러나고 있습니다. 성소수자에 대한 비하 표현이나 패드립을 사용한 경험이 있는지를 묻는 실태 조사에서는 전체의 39.6%, 여학생의 17.2%, 남학생의 61.1%가 사용한 경험이 있다고 응답했습니다. 성별 격차가 매우 큰 것이죠. 즉, 남학생이 여학생에 비해 세 배 이상 사용 경험이 많은 것으로 나타난 것입니다.*

또한 같은 조사에서 보고된 결과들을 보면, 남학생들이 여학생에 비해 성평등 인식과 성폭력에 대한 인식, 그리고 성소수자에 대한 평등 의식이 두드러지게 낮은 것으로 나타나고 있습니다. 여

---

* 서울특별시교육청, 「2017 서울특별시교육청 학생 성권리 인식 및 경험 실태 조사」, 2017. 9.

또래 문화 ─ 차별과 혐오가 '노잼'인 교실 상상하기

학생들은 친구가 동성애라자고 커밍아웃하는 경우 대부분이 아무런 문제가 없는 것으로 받아들인다고 대답한 데 반해, 남학생들은 거리를 두거나 배척하겠다고 대답한 비율이 여학생들에 비해 훨씬 높았습니다.

차별에 대해 말하는 것이
왜 나쁜가, 왜 불편할까

그런데 왜 학교 안에서 일어나는 다양한 차별, 불공평함 같은 것들에 목소리를 내는 쪽은 여학생인 경우가 더 많을까요? 남학생들은 여학생들에 비해 차별, 폭력 등에 왜 관심을 가지지 않을까요? 차별이나 혐오 표현을 반대하는 또래들을 왜 부정적으로 바라보는 걸까요?

아마도 여학생들은 '여성'이기 때문에 여성들에 대한 폭력이나 차별 등에 남성들보다 더 많은 관심을 가질 겁니다. 여성으로서 자신이 이미 경험한 일이거나 앞으로 경험할 수 있는 일이라고 생각하기 때문입니다. 그런데 앞에서 설문 결과를 통해 살펴본 바와 같이, 여학생들은 여성에 대한 차별과 폭력뿐만 아니라 성소수자들이 겪는 차별에 대해서도 남학생들보다 더 비판적으로 바라보고 있습니다. 여학생들 모두가 성소수자인 것은 아닐 텐데 말입니다.

이는 여성으로서 겪은 차별의 직간접 경험 덕분일 겁니다. 차별당한 경험이 타자에 대한 차별에 공감할 수 있는 일종의 밑거름인 것이죠. 물론 여성들이 늘 차별에 민감하다고 말할 수는 없을 겁니다. 당연히 여성보다 차별 감수성이 더 높은 남성도 있을 수 있겠죠. 타인의 차별에 공감하는 능력은 단순히 성별로 판가름 나진 않습니다. 그것은 차별을 대하는 태도, 자신의 경험과 타인의 경험을 연결해 생각할 수 있는 능력에 따라 달라지는 것이죠. 앞서 언급한 다양한 사회문화적 현황과 조사 결과들을 통해 보면, 적어도 동시대 십대들 사이에서는 여성들이 이런 능력이 더 큰 것처럼 보입니다.

사실 우리는 모두 그런 경험이 있습니다. 아주 친한 친구가 우리가 모르는 사람과 싸웠다고 생각해 보세요. 우리는 그 내막이 어떤지 먼저 파악하기보다 친한 친구의 화난 감정, 그리고 친구의 사정에 더 쉽게 공감합니다. 그 이유는 그 친구를 '잘 알기 때문'입니다.

우리는 우리가 더 잘 아는 대상을 더 잘 이해하고 더 쉽게 공감할 수 있습니다. 남학생들이 여학생들에 비해 차별적, 폭력적, 혐오적 표현들을 대체로 빈번하게 사용하는 이유는, 그러한 표현의 대상이 자신과는 전혀 상관없는, 잘 알지도 못하고 알 필요도 없는 사람들이라고 생각하기 때문입니다. 즉, 자신과의 연결 고리에 대해 미처 생각해 보지 못하기 때문입니다. 예를 들어 장애인의 삶에 대해 조금이라도 안다면, 혹은 친한 장애인 친구가 있다면, 그 친구 옆에서 '병신 같은' 류의 말을 쓸 수 있을까요?

많은 십대 남성들이 십대 여성들이 제기하는 차별 이슈에 유달리 민감하게 대응하는 이유는, 여학생들에게는 보이는 우리 사회의 성차별적인 인식과 현상 들이 남학생들에게는 잘 보이지 않기 때문일 것입니다. 그리고 그 이유는, 남학생들이 여학생들이 겪는 경험을 잘 모르기 때문일 것입니다. 남학생들이 여학생들이 겪는 차별적 경험에 대해 궁금해하기 시작할 때, 혹은 이해하고 싶다는 마음이 있어야만 바로 그 차별이 보인다는 거죠.

저는 얼마 전 여학생들이 왜 그렇게 차별에 대해 크게 이야기하는지에 관심을 가지기 시작했다는 남자 고등학생을 만난 적이 있습니다. 처음에는 페미니즘에 관심 있는 여자 친구 덕분에 궁금해하기 시작했는데, 막상 관심을 가지자 이전에는 보이지 않던 것들이 보이고, 즐겁고 웃긴 이야기가 불편하게 들리기 시작했다고 합니다. 아르바이트를 하면서는 여성들이 일터에서 차별받는다는 사실을 확인하고 무척 놀랐다고 했습니다. 이 남학생이 일한 곳에서는 여성과 남성이 같은 일을 하는데 정직원은 남성뿐이고 여성은 비정규직에 월급도 적다고 하네요. 그런데 오히려 여성 직원들에게는 화장이나 몸매, 미소 등과 같이 더 까다로운 조건이 따라 붙는다는 겁니다. 이 학생은 교실에서도 친구들과 이야기하기가 점점 어려워진다는 고민을 토로하기도 했습니다. 또한 우리 사회의 차별적 시선을 강화하는, 여성·장애인·성소수자 등을 비하하는 욕이나 표현을 더 이상 쓰고 싶지 않다고 했습니다. 하지만 그렇게 하면 친구들 사이에서 재미없는 '진지충'으로 찍혀 '아싸'(아웃사이더)가 될 수밖에 없어서 고민스럽다고 했습니다.

우리는 한편으로 차별받기도 하고 차별하기도 하는 존재입니다. 남학생들이나 여학생들 모두 남성, 여성으로서뿐 아니라 성적이 낮아서, 가난해서, 키가 작아서, 힘이 약해서, 축구를 못해서 등의 이유로 차별받은 경험이 있습니다. 그런 차별받은 경험을 떠올려 본다면 차별에 대해 이야기한다고 해서 곧장 '쿵쾅쿵쾅'이라고 희화화하기만 할 수 있을까요?

차별에 반대하자는 것이 나쁜가요? 타인의 차별에 반대하면 자신에게 불이익이 돌아올까 봐 걱정되는 건가요? 혹은 자신에 대한 공격이라고 느끼나요? 왜 그것을 공격으로 느끼나요?

누군가가 차별이나 혐오에 대해 이야기하고, 그것에 관한 경험을 말할 때 오히려 내가 잘 모르는 새로운 이야기를 듣는다고 생각하면 좋겠습니다. 우리가 우리 사회의 차별에 대해 이야기하는 사람들을 반대하지 않고 이야기를 충분히 들을 때에만, 나보다 더 힘이 센 사람, 권력을 많이 가진 사람, 나보다 더 좋은 대학을 나오고 더 좋은 직장에 다니는 사람이 나를 차별하고 혐오 표현을 쓸 때 다른 사람들이 내가 겪는 차별에 관심을 가지고 귀 기울여 줄 것이기 때문입니다.

성소수자 혐오에
함께 맞서야 하는 이유

8
LGBTI

나영정

성소수자·장애 여성·HIV/AIDS 인권운동에 참여하고 있다. 소수자의 관점과 페미니즘이 결합될 때 차별과 억압에 맞설 수 있는 강력한 방법과 실천이 나온다고 생각한다. 쓴 책으로 『수신확인, 차별이 내게로 왔다』(공편저), 『페미니스트 모먼트』(공저), 『어쩌면 이상한 몸』(공저), 『배틀그라운드』(공저) 등이 있다.

숨겨져 있던 존재들의 목소리

안녕하세요. 저는 성소수자 인권운동에 참여하고 있는 인권 활동가입니다. 페미니스트이고 장애 여성 인권운동에도 참여하고 있습니다. 저는 이십대 중반에 처음으로 어떤 여성과 연애를 하면서 저의 정체성에 이름을 붙일 수 있었습니다. 뒤늦게 성정체성을 깨달았다는 이야기를 들은 친구는 "그런 건 청소년기에 다 끝냈어야지, 바보 같다."고 놀린 적도 있었어요. 저는 여중, 여고를 다니면서 여자 친구들과 깊은 우정을 나눈 적도 있고 남다른 감정을 느낀 특별한 친구도 있었지만, 성정체성에 대해서 고민해 보지는 못했습니다. 십대 후반에서 이십대 초반 사이에 남성과 연애한 적이 있는데, 그러는 동안에도 이성과 결혼해서 살아가지는 않으리라 확신했고 제가 어딘가 다르다는 느낌을 강하게 받았지요.

학창 시절을 돌아보면 보이시했던 친구들, 뭔가 남달랐던 친구들 얼굴이 떠오릅니다. 사실 친했던 친구들보다 그런 친구들의 얼굴이 더 또렷하게 남아 있어요. 표면적으로는 지금보다 혐오가 덜했을지 모르지만 성정체성에 대한 고민을 누군가와 나누기는 어려운 시절이었던 것 같아요. 지금은 혐오의 목소리, 가짜 정보들이 판을 치는 반면에, 성소수자들의 존재가 훨씬 더 드러나 있고 좋은 정보도 많습니다. 그래서 지금보다 예전이 나았다고 생각하지 않아요.

페미니즘 운동, 소수자 운동, 인권운동에 참여하면서 제가 깨달은 것 중 하나는, 어떤 문제가 바뀌려면 숨겨져 있었던 사람들의 존재와 이야기가 드러나야 한다는 점이에요. 처음에는 낯설어하고 두려워하던 사람들도 차츰 익숙해지면서 생각을 바꾸게 되는데요. 무엇보다도 자신의 곁에서 함께 살아가는 사람이라고 느끼는 것이 중요한 것 같아요. 지금 터져 나오는 혐오는 시간이 해결해 줄 거라고 생각합니다. 우리가 당연하게 생각하는 인권 문제도 처음에는 낯설고 불온한 것이었던 경우가 많아요. 먼저 깨닫고 용기 있게 나섰던 사람들 덕분에 자유와 평등은 점점 확장되어 왔지요. 저는 이런 인권의 역사를 기억하며, 지금 청소년기를 보내고 있는 성소수자들과 그들 곁에서 함께 살아가는 사람들의 삶이좀 더 나아지기를 희망하면서 이 글을 시작하려고 합니다.

두 개의 사건

2015년 어느 날, 청소년 성소수자 위기지원센터 띵동에 전화가 걸려 왔습니다. 전화를 건 사람은 남자아이로 태어났지만 청소년기를 보내면서 자신이 여성임을 깨달은 연희 씨였습니다. 연희 씨는 자신과 같은 사람들을 트랜스젠더라고 부른다는 것을 알게 되었고, 가족에게 그 사실을 털어놓았습니다. 남들에게 쉽게 꺼내지 못하는 이야기를 부모에게 털어놓았다는 것은 그만큼 도움이 절실했다는 얘기일 겁니다. 하지만 부모의 반응은 "그동안 얼마나 힘들었니? 당장 너를 100% 이해하지 못하더라도 도와줄게."가 아니었습니다.

목사였던 아버지는 연희 씨를 진주에 있는 한 교회에 데려갔습니다. 그 교회에서는 연희 씨가 스스로 트랜스젠더가 아니라고 할 때까지 며칠이고 욕하고 폭행했습니다. 연희 씨는 겨우 교회에서 벗어나 집에 돌아왔지만 여전히 성정체성을 고민할 수밖에 없었습니다. 이번엔 아버지가 폭행을 가했고, 결국 연희 씨는 신발도 제대로 신지 못한 채 집에서 탈출했던 것입니다.* 나중에 알아보니 그 교회는 성정체성을 고쳐 준다는 명목으로 수십만 원의 사례비를 받는다고 하더군요. 과연 성정체성을 고쳐 주는 게 가능한 일일까요? 괜찮은 일일까요? 부모라는 이유로 성정체성에 대한 고민을 가로막고 폭력을 행사하는 것은 정당한 일일까요?

이번엔 학교로 한번 가 봅시다. 2014년 2월 부산지방고등법원은 2009년에 '김 군'이라 불렸던 한 청소년이 겪은 사건에 대한 판결을 내렸습니다. 2009년 당시 고등학교 1학년이었던 김 군은

---

* 「'동성애' 치료한다며 "귀신 들렸다" 무자비 폭행」, 『한겨레』, 2016. 3. 7.

그날 학교에 가지 않고 방황하다가 자기 집 지하실에서 스스로 목숨을 끊었습니다. 김 군은 남자 고등학교에 다니고 있었는데, 목소리가 가늘고 여성스럽게 행동한다는 이유로 같은 반 동급생들로부터 '걸레', '뚱녀'라는 비난과 괴롭힘을 당했습니다. 김 군은 담임교사에게 괴로움을 호소했지만, 가해 학생에게는 가벼운 주의만 준 반면에 오히려 김 군에게 전학을 권유하는 상황이 벌어졌어요. 게다가 김 군이 같은 반 남학생에게 호감을 표시한 뒤로 괴롭힘은 더욱 심해졌고, 김 군이 화를 자초했다는 시선마저 받아야 했습니다. 김 군이 사망한 후 부모는 담임교사가 상황을 알면서도 피해자를 보호하고 문제를 해결하기 위해 적극적으로 나서지 않았던 책임을 물어 소송을 제기했습니다. 하지만 결국은 학교 책임이 없다는 판결이 내려졌습니다.

여성스러운 말투와 행동을 보이는 남학생은 괴롭힘의 대상이 되어야만 할까요? 동성애자는 자신이 좋아하는 이에게 호감을 표했다는 이유로 괴롭힘을 당해도 마땅한가요? 학교 안에서 괴롭힘이 벌어졌음에도 불구하고 학교 당국의 책임을 물을 수는 없는 걸까요?

폭력의 피해자가 비난받는 폭력

우리 사회에서 피해자에게 원인을 돌리는 대표적인 경우는 바로 성폭력입니다. 그동안 용기를 낸 수많은 성폭력 피해자가 이 문제의 본질에 대해서 말해 왔고, 최근에는 미투운동을 통해서 더 많은 사람들이 성폭력 경험을 증언하기 시작했습니다. 그들은 피해자의 옷차림이나 음주 여부가 문제가 아니라 피해자를 비난하는 문화 자체가 성폭력을 계속 발생시키는 원인이라고 말합니다. 성폭력을 예방하기 위해서는 성폭력을 당하지 않도록 조심하라고 할 것이 아니라, 어느 누구도 성폭력을 저지르지 말아야 하며 어떤 경우에도 상대방의 동의를 구하지 않은 성적 접촉을 시도하지 말라고 교육해야 한다고 말하기 시작했습니다.

앞서 언급했던 두 개의 사건에서 보듯 성소수자가 경험하는 폭력 또한 성폭력과 닮은 점이 많습니다. 성소수자들은 아무런 잘못이 없음에도 불구하고 타인을 위해서 잘못된 성정체성을 감추거나 바꾸어야 한다고 강요받습니다. 쉽게 폭력의 대상이 되고, 폭력을 당해도 피해를 인정받기도 어렵고요. 이때 폭력이란 단지 물리적인 폭력이나 성폭행만을 의미하지 않습니다. 성소수자를 괴롭히거나 따돌리는 것, 성정체성을 강제로 폭로하는 것 또한 폭력입니다. 성소수자가 비정상이라며 비난하는 것, 성정체성을 바꾸라고 강요하는 것, 성정체성을 스스로 밝히거나 표현하지 못하게 하는 것 또한 마찬가지입니다.

표현하지 못하게 하는 것이 왜 폭력일까요? 어떤 이들은 성소수자가 정체성을 숨기면 차별이나 폭력도 피하고, 다른 사람들도 불편하지 않으니 서로에게 좋은 것이 아니냐고 질문합니다. 하지만

이 질문 자체에 차별과 폭력이 담겨 있습니다. 그럼 이렇게 질문해 볼까요? 왜 이성애자는 다른 사람들을 불편하게 하지 않는 걸까요?

몇 해 전 서울 마포구에 거주하는 성소수자들의 모임을 만들기 위해 현수막을 동네에 걸겠다고 구청에 신청한 적이 있습니다. 하지만 구청은 심사 후 현수막을 걸지 못하게 했어요. 현수막은 이런 내용이었어요. "LGBT*, 우리가 지금 여기 살고 있다." "지금 이곳을 지나는 사람 열 명 중 한 명은 성소수자입니다." 하지만 이러한 문구가 사람들에게 혐오감을 줄 수 있고, 미풍양속을 해치며, 청소년에게 나쁜 영향을 줄 수 있다는 이유를 들며 구청은 게시를 거부했습니다. 참 믿기 어려운 답변이었습니다. 구청이라면 공공기관이고, 모든 국민이 법 앞에 평등하다는 헌법 정신에 따라 공무를 수행해야 하는데, 오히려 편견에 찬 사람들이 항의 민원을 넣을까 봐 신경 쓰느라 인권과 헌법의 정신을 지키지 못하다니 크게 실망했습니다. 이 현수막을 걸려고 했던 마포구의 성소수자 모임은 국가인권위원회에 진정을 했고, 다행히 국가인권위는 차별이 맞다며 마포구청장에게 시정을 권고했습니다. 성소수자도 동등한 구민이자 시민으로서 대우받아야 하며, 성소수자에 대한 편견을 바로잡아야 하는 책임은 공공기관에 있기 때문입니다.

여러분은 '―답다'라는 표현을 좋아하세요? 저는 별로 좋아하지 않아요. 학생답다, 청소년답다, 여자답다, 남자답다…… 이 표

---

* 레즈비언, 게이, 바이섹슈얼, 트랜스젠더의 머리글자.

강요된 침묵

	인생에서 중요한 사람들이 정체성을 알고 있다. (전체 응답자: 3,156명)	초중고등학교 때 친구나 교사가 정체성을 알고 있었다.*	
		모든 연령 (전체 응답자: 2,605명)	18세 이하 (전체 응답자: 593명)
모두 혹은 상당수가 알고 있다	19.3%	3.4%	2.4%
어느 정도 알고 있다	32.9%	18.0%	16.0%
거의 모른다	27.6%	31.6%	42.2%
아무도 모른다	20.3%	47.0%	39.4%

2014년 한국게이인권운동단체 친구사이가 발표한 「한국 LGBTI 커뮤니티 사회적 욕구조사 주요 결과」에 따르면, 인생에서 중요한 사람들이 자신의 성정체성을 알고 있다고 답한 비율은 53.2%인 반면, 초중고등학생 때 친구나 교사가 알고 있었다고 답한 비율은 21.4%에 불과했습니다. 특히 18세 이하의 청소년 응답자들은 20.4%만이 친구나 교사가 알고 있다고 답했습니다. 이 조사를 통해서 많은 성소수자들이 청소년기에 학교에서 성정체성을 밝히기 어렵다는 것을 알 수 있습니다.

청소년들이 학교에서 교사나 친구와 관계가 잘못되었을 때 자신의 의지로 상황을 개선하기는 어렵습니다. 학교를 당장 그만두거나 전학하기 쉽지 않고, 부모나 교사에게 도움을 구하려 해도 성정체성에 대한 대화를 나누기 힘들 때가 많기 때문입니다. 자신을 보호하고 도와야 할 존재들이 오히려 성소수자에 대한 잘못된 인식이나 부정적인 감정을 갖고 있을 때 청소년 성소수자는 가족이나 학교 등에서 일상생활을 이어 나가기 어려워집니다.

* 재학 시 LGBTI라고 정체화하지 않았거나 학교를 다닌 경험이 없는 경우는 통계에서 제외.

현들은 그 대상을 있는 그대로 인정하기 싫을 때 동원되곤 하거든요. 누군가에게 학생답지 못하다고 지적하는 사람은 '학생답다'라는 표현을 굉장히 좁은 의미로 자기 입맛에 맞게 생각하는 경우가 많아요. 그렇게 말하는 사람은 학생이 아닌 경우가 대부분이고요. 학생의 권리보다는 학생의 의무를 강조하는 사람이 즐겨 쓰는 표현인 듯합니다.

여자답다, 남자답다도 마찬가지입니다. 이런 표현은 주로 누가 사용하나요? 과연 이런 표현이 모두가 지켜야 하는 당연한 기준처럼 받아들여져도 괜찮을까요? 우리 사회는 성별에 따라 서로 다른 역할을 요구하는 경우가 많고, 대개는 여성이 불리한 경우가 많기 때문에 성차별적인 사회라고 할 수 있습니다. 하지만 남성 또한 남자답다는 고정관념에 맞지 않으면 차별과 폭력의 대상이 될 수 있다는 점에서 성차별은 여성만의 문제가 아니에요. 성소수자는 이분법에 맞지 않다는 이유와 더불어 그들이 느끼는 사랑의 감정 또한 '자연스럽지 않고 비정상적'이라는 이유로 차별과 혐오의 대상이 됩니다.

자연은 가장 다양하다

인간다움과 자연스러움의 차이는 무엇일까요? 어떤 사람들은 성소수자들이 결혼도 하지 못하고 아이도 낳지 못하기 때문에 자연의 섭리를 거스른다고 말합니다. 하지만 지금 우리가 마주하고 있는 한국 사회의 현실은 어떠한가요? 결혼이 의무가 아니라 선택이라고 여기는 사람들이 많아지고 있고, 결혼을 하면 당연히 자녀를 낳는 것이 아니라 자녀를 가질지 신중하게 결정하는 사람들이 늘고 있습니다. 결혼했던 사람이 이혼 후 혼자서 살아가거나 재혼하기도 하고, 결혼하는 대신 연인과 동거하거나 친구 등과 새로운 형태의 가족을 만드는 경우도 많습니다. 말 그대로 변화하는 가족의 시대입니다. 점점 많은 나라들이 법적으로 동거 관계를 인정하고 동성 커플도 혼인할 수 있도록 법을 고치고 있습니다.

"결혼을 안 하면 진짜 어른이 못 된다."라거나 "정상적인 가정을 꾸리지 못 하면 부모에게 불효하는 것이다."라는 말은 오래전부터 있었습니다. 아이러니하게도 이것은 예전이나 지금이나 결혼이 자연의 섭리가 아니라는 것을 반증합니다. 오히려 자연은 수많은 돌연변이와 우연이 발생하는 변화무쌍한 현장이라고 할 수 있지요. 그렇다면 인위적으로 만들어진 제도가 자연의 일부인 인간을 억압하지 않고 다양성을 더욱 존중하는 쪽으로 나아가야 조화롭지 않을까요? 인간의 역사는 보다 많은 사람이 자유와 평등을 누리기 위해서 법과 제도를 만들고 끊임없이 수정해 나가는 과정이었고 지금도 현재 진행형입니다. 자유와 평등을 추구하고 인간의 존엄성을 긍정하기 위해서 만들어진 문화와 제도는 인간의 다양성을 배격하지 않습니다.

보수 개신교에서는 성소수자의 삶이 자연에 반한다며 인권을

짓밟곤 합니다. 그들은 모든 사람이 '창조 질서'에 따라야 한다고 주장하는데, 여기서 '창조 질서'란 자연이 아니라 그들이 따르는 교리입니다. 다른 여지를 두지 않기 위해 자신들의 '창조 질서'가 자연 자체라고 주장하는 것은 모순입니다. 어떤 종교를 가졌든 간에, 인권이 특정 종교의 교리보다 훨씬 포괄적이라는 사실을 수용해야 합니다.

자신이 옳다고 생각하는 가치와 다르게 생각하는 사람이라고 해서, 자신이 좋다고 믿는 것에 동의하지 않는 사람이라고 해서 차별하고 혐오할 권리는 누구에게도 없습니다. 그러나 우리는 이토록 당연한 사실조차 무시되는 현실 속에서 살고 있습니다. '나도 당신을 인정할 테니 당신도 나를 인정하라.'는 말은 참 평등한 것 같지만, 이미 차별이 개개인의 노력만으로 극복할 수 없을 만큼 강하게 뿌리박힌 사회에서는 더 깊은 질문이 필요합니다. 우리는 모두 동등한 인간이지만, 저마다 가진 사회적 배경과 정체성 등의 차이로 인해 평등하지 못한 상태에 놓여 있다는 점을 명심해야 합니다. 이러한

구조적 차별로 인해 불리한 처지에 놓여 있는 사람들을 우리는 '소수자'라고 부릅니다. 성소수자는 주류와 다른 성정체성을 가진 사람이라는 이유로 혼인과 가족제도, 군대, 학교, 직장 등에서 배제되거나 불리한 처우를 받습니다. 소수자가 되는 이유는 성정체성의 다름 자체보다는 그것을 이유로 차별과 배제가 일어나는 현실 때문입니다.

부모의 권리, 학교의 책임

맨 앞에서 이야기했던 두 가지 사건으로 다시 돌아가 볼까요? 저는 이 사건들을 접하면서 두 가지 질문이 떠올랐습니다. 부모의 권리란 뭘까? 학교의 책임이란 뭘까?

일반적으로 부모는 자식의 행복을 위해서 노력하는 사람으로 알려져 있습니다. 물론 아동 학대와 가정 폭력을 저지르는 부모들이 있다는 것도 엄연

LGBTI – 성소수자 혐오에 함께 맞서야 하는 이유

LGBTI 정체성에 대한 오해와 편견

서구 의학계에는 동성애를 질병으로 보는 견해에 권위가 실렸던 지난 역사가 있습니다. 19세기 독일의 의사 크라프트에빙이 대표적인 인물입니다. 1968년에 세계적으로 권위 있는 미국정신의학회가 만든 『정신 질환의 진단 및 통계 편람』(DSM)과 세계보건기구(WHO)의 '국제 질병 분류'(ICD)에 동성애가 정신 질환의 일종으로 포함되면서 동성애라는 성정체성은 전문가에 의해 '비정상적인 병리 현상'으로 공인된 셈입니다. 하지만 곧 성소수자 인권운동 진영과 일부 전문가들의 도전을 받게 되었습니다.

익히 알려져 있다시피 어느 시대에나 다양한 성정체성을 표현하면서 살아가는 사람들이 존재했습니다. 1960년대부터 서구에서 본격화된 성소수자 인권운동은 동성애가 비정상이 아니라 인간이 가진 성적 다양성 중의 하나라고 주장하였습니다. 성소수자들의 삶과 개성, 문화와 업적이 알려지면서 이러한 주장은 사회적으로도 널리 공감을 얻게 됩니다. 결국 동성애는 5년 만에 '국제 질병 분류'에서 삭제됨으로써 '동성애는 비정상'이라는 의료계의 공식이 더 이상 받아들여지지 않게 되었습니다.

한편 트랜스젠더는 1970년대에 '성주체성 장애'라는 이름으로 '국제 질병 분류'에 등록됐지만, 2000년대 들어서 질병이 아니라 "신체와 정신의 불일치에 대해서 불편감을 느끼는 사람"으로 정의가 수정되었습니다. 또한 트랜스젠더가 요청하는 성전환 수술 등의 의료적 행위는 '잘못된 것을 고치기 위한 치료'에서 '트랜스젠더의 신체적, 정신적 건강을 증진하기 위한 의료적 도움'으로 의미가 변화하고 있습니다.

한 사실이지만요. 그런데 성소수자인 자식을 있는 그대로 존중하고 행복을 빌어 주는 부모는 자식의 행복을 위해서 노력하는 사람일까요, 아닐까요? 성소수자를 차별하는 사회에서는 아니라고 말합니다. 오히려 자식을 이성애자로, 혹은 트랜스젠더를 부정하는 사람으로 교육하는 부모가 좋은 부모라고 말하는 사람들이 많습니다. 또한 인터섹스를 전형적인 여성 혹은 남성으로 수술시켜서 바꾸는 부모가 좋은 부모라고 말하는 사람들도 많습니다. 정말 불행한 일입니다. 인터섹스, 즉 간성(間性)은 타고난 신체적 특징(염색체, 생식기관, 호르몬 작용 등)이 전형적인 남성이나 여성으로 구분하기 어려운 사람을 말하는데, 영유아기에 발견되는 경우 본인의 동의 없이 부모가 일방적으로 외부 성기의 모양을 어느 한쪽으로 결정하는 수술을 결행하는 경우가 많습니다. 이에 대해서 인터섹스 당사자들과 국제 인권 기준은 본인의 동의 없이 이루어지는 강제 수술이 신체의 자유를 침해하는 분명한 인권 침해라고 말합니다.

여기에서 우리가 기억해야 할 것은 부모의 권리가 자녀를 향해 일방적으로 행사되는 것이 아니라는 것입니다. 자녀는 부모의 소유물이 아니라 단지 부모가 보호할 책임을 진 관계이며, 근본적으로 부모와 자녀는 동등한 인간입니다. 그런데 아동 학대가 심한 사회일수록 부모가 자신의 힘을 자녀를 향해 사용합니다. 부모의 권리는 어떤 사람이 부모가 되고자 할 때 부당한 이유로 가로막거나 차별적인 논리를 내세워 억압하는 것에 대항하는 권리입니다.

세계 곳곳에서 많은 사람들이 장애를 가졌다는 이유로, 혼인 상태가 아니라는 이유로, 동성 커플이라는 이유로, 빈곤하다는 이유로 국가와 사회, 가족들이나 주변 사람에 의해서 부모의 권리를 침해당해 왔습니다. 부모의 권리는 아동, 청소년의 권리와 충돌하지 않으며, 부모라는 이유로 아동, 청소년의 권리를 침해할 자격은 없습니다. 자신의 성정체성을 탐색하고 스스로 찾아갈 권리는 아동, 청소년의 인권에 속합니다.

이번엔 학교로 가 볼까요? 성소수자 학생에 대한 학교의 책임은 성소수자 학생이 경험하는 차별과 폭력이 잘못되었다고 인정하는 데서부터 시작합니다. 학교 당국은 차별과 폭력을 행사하는 사람이 교사든 학생이든 간에 성소수자 학생을 보호할 책임이 있습니다. 학생들이 성별, 정체성, 가정환경, 성적, 외모, 인종, 장애, 임신 여부에 따라 차별받지 않고 교육받을 권리를 누릴 수 있도록 환경을 만들어야 합니다.

우리 곁에는 비록 더디더라도 학교를 바꾸기 위해 노력하는 사람들이 있습니다. 많은 청소년 인권 활동가들이 학생 인권과 청소년 인권을 증진하기 위해 애써 왔고, 그 결과 서울시와 경기도를 비롯한 몇몇 시도에서는 학생인권조례가 만들어졌습니다. 이 조례에 근거해서 어떤 학생들은 교사의 성소수자 혐오 발언을 지적하기도 하고, 교육청에 진정을 하기도 합니다. 학교에서 성소수자 인권을 교육하기 위해 고민하는 교사들이 펴낸 『학교에서 무지개길 찾기 가이드북』(인권교육을 위한 교사모임 샘 & 청소년 성소수자 위기지원센터 띵동, 2018)도 좋은 사례가 될 것입니다. 이처럼 크고 작은 노력들이 모여서, 함께 살아가는 데 필요한 지혜와 기술이 평등하게 전달되는 공간으로서의 학교를 만들어 가고 있습니다.

두려움 없이 서로를 지지하고 응원하기 위해

이제 이야기를 마무리해야겠네요. 지금 청소년기를 보내고 있는 성소수자들과 그의 주변에서 함께 살아가고 있는 '우리'들의 삶이 좀 더 나아지려면 무엇이 필요할까요? 앞서 언급했듯이 부모의 권리와 학교의 책임을 제대로 인식하는 것이 중요합니다. 아울러 성소수자를 향한 혐오에 정확하고 단호하게 대처해야 합니다.

성소수자에 대한 혐오를 조장하는 대표적인 논리 중 하나는 "동성애=에이즈"일 것입니다. "동성애는 에이즈를 퍼트리고, 사람들은 죽음에 이르고, 결국 지켜야 할 정상적인 가정이 무너진다."는 비과학적이고 편견에 찬 도식이 아직도 사회에서 힘을 얻고 있어요. 혐오의 논리는 공통적으로 비과학적인 편견과 공포심에 의존합니다. 에이즈 혐오의 주된 논리도 "성적으로 문란한 이들이 병에 걸리고, 이들은 곧 죽음에 이른다."는 것입니다. 어떤 질병도 환자에게 책임을 묻고 비난하는 것은 곤란합니다. 그저 질병을 예방하고 잘 치료받기 위해서 원인을 따져 볼 필요가 있을 뿐입니다. 감기에 걸리기 쉬운 원인을 파악하는 것과 HIV 바이러스가 전

WHY NOT?

파되지 않도록 노력하는 것은 같은 이치입니다. 게다가 에이즈는 더 이상 불치병도 아닙니다. 의학의 발전으로 인해 HIV 바이러스를 가진 사람도 약을 꾸준히 잘 복용하면 평생 에이즈를 일으키지 않을뿐더러 몸속에서 바이러스가 검출되지도 않고 타인에게 전파하지도 않는 상황에 이르렀어요.

지금은 에이즈라는 병 자체가 아니라 동성애자에 대한 차별이 건강을 위협하는 시대가 되었습니다. 동성애와 에이즈에 대한 사회적 낙인으로 인해서 검사받기를 꺼리거나 치료를 시작하지 못하는 사람들이 여전히 많기 때문입니다. 성소수자에 대한 혐오는 오히려 HIV 감염을 예방하지 못하게 가로막고, 동성애자로 살아가는 사람들을 괴롭히며, 성 매개 질환을 예방해야 하는 모든 사람들에게 해를 끼칩니다. 성관계를 여러 상대와 하는 것 자체가 잘못된 일이고 숨겨야 하는 일이라고 생각하는 이상, 성 건강을 지키고 증진할 수 있는 과학적인 방법은 무용지물이 됩니다.

여전히 동성애가 에이즈의 원인이라고 주장하는 사람들은 과학적이고 합리적인 근거를 눈앞에 두고도 의도적으로 무시하는 믿음을 가지고 있습니다. 누군가를 차별하기 위한 믿음이라면, 그래서 누군가를 괴롭히고 해를 끼친다면 멈추게 해야죠. 지금은 2019년이잖아요. 이미 우리 곁에 있는 수많은 교육자, 학자, 의료인, 법률가, 종교인, 예술가, 인권 활동가, 동료 청소년 들이 성소수자 혐오에 반대하는 목소리를 내고 있습니다. 자신을 사랑하고, 주변을 돌보고, 인권의 가치를 옹호하는 사람들이 힘을 모아 다 함께 행복해질 권리를 더욱 단단히 만들어 봐요.

　페미니스트가 일구어 온 변화의 역사를 통해서도 이러한 점은 확인할 수 있습니다. 몸, 젠더, 섹슈얼리티, 질병의 차이가 차별과 억압의 이유가 될 수 없다는 점을요. 페미니즘과 함께 성소수자 혐오에 맞서 함께 싸우는 법을 찾아 나가요.

혐오와 폭력은
온라인을 타고

9
온라인 문화

김수아

서울대학교 언론정보학과를 졸업하고 동 대학의 언론정보학과에서 석·박사 학위를
받았다. 현재 서울대학교 기초교육원 강의교수로 있다. 대중문화와 페미니즘의 문제
에 관심을 갖고 연구하고 있다. 쓴 책으로 『다시 보는 미디어와 젠더』(공저), 『지금 여
기 힙합』(공저) 등이 있다.

표현의 자유, 난관에 빠지다

하루에 얼마나 많이 인터넷에 접속하느냐는 질문을 받으면 어떤 생각이 드시나요? 인터넷은 이미 가상공간이라고 부르기엔 일상 생활과 너무 밀접한 생활공간이 되었습니다. 사실상 사회생활이 라고 부를 수 있는 많은 일들이 여기에서 일어납니다. 그래서 이 공간에서 어떤 일이 벌어지고 있는지, 혹 문제가 있다면 어떻게 바꾸어 나가면 좋을지 이야기를 나누는 것은 정말 중요한 일이라 고 할 수 있습니다.

2016년 유럽평의회*는 '성차별적 혐오 표현'(sexist hate speech) 이라는 범주가 필요하다고 주장하면서 온라인상의 혐오 표현이 여성을 대상으로 심각하게 양산되고 있음을 지적하였습니다.** 이 용어를 제시하게 된 이유는 첫째로는 기존의 혐오 표현 범주에 성 차별, 특히 여성에 대한 모욕적 언사가 포함되어 있지 않다는 것,

---

* Council of Europe: 1949년 만들어진 국제기구입니다. 유럽 인권 보호의 기준을 만들어 왔습니다.

** Council of Europe, 「Background note on sexist hate speech」, 2016.

둘째로는 온라인 세계에서 혐오 표현 문제가 날로 심각해지고 있다는 인식, 크게 보면 이 두 가지로 정리됩니다.

인터넷이 혐오 표현의 온상이라는 지적은 온라인 공간의 형성 초기부터 있어 왔습니다. 1980년대 말부터 1990년대 중반까지 사용되었던 PC 통신 공간에서도 성차별적·성희롱적 언술은 매우 흔했습니다. 이전에는 상상하지 못했던 시공간을 초월한 네트워크 서비스가 가능해지면서 사람들은 인터넷이 모두가 평등하게 참여할 수 있는 평화롭고 안전한 공간이 될 것이라 기대했습니다. 익명으로 접속하는 온라인 공간에서는 인종이나 계급, 성별, 성정체성과 같은 것들이 보이지 않으므로 사회적 조건에 따른 차별이 더 이상 존재하지 않을 것이라 생각했던 겁니다. 하지만 현실은 달랐습니다. 오히려 익명이니까 상대를 비방하거나 모욕해도 아무런 문제가 되지 않는다는 생각이 광범위하게 퍼졌습니다.

당시에는 온라인 공간에서 '표현의 자유'를 최대한 보장해야 한다는 원론 역시 강력하게 제기되었습니다. 온라인 공간은 기존의 미디어가 제공해 온 한정된 공간(독자 투고나 시민 인터뷰 등)보다 훨씬 더 폭넓고 자유로운 논의가 가능하다는 생각에서였습니다. 특히 정치적 표현에 제한이 없어야 민주주의에 기여할 수 있다는 주장이 널리 지지를 받았습니다. 이렇게 온라인상의 표현을 특정한 이유로 규제해서는 안 된다고 생각하는 사이, 온라인 공간은 광범위한 혐오와 모욕적인 표현이 가득한 곳이 되었다는 비판이 생겼습니다. 특히 유튜브, 트위터, 페이스북 등의 가장 인기 있는 미디어 플랫폼들은 혐오 표현을 방치하고 있어서 사실상 혐오 표현이 인정되고 광범위하게 유포되는 데 기여하고 있다는 비판을 받고 있습니다.

한국의 온라인 공간에서 여성은 자유로울까?

혐오 표현의 유통은 왜 문제가 되는 것일까요? 여성의 참여 문제를 예로 들어 설명해 보겠습니다. 온라인 공간에서 여성에 대한 차별적 표현, 온라인 성폭력이 만연하면 여성들이 열린 공간에서 추방되는 결과가 생깁니다. 전 세계 인기 유튜버 순위에서 여성이 매우 적다는 점은 여성의 콘텐츠 생산 능력이 떨어진다는 의미가 아니라 여성의 참여를 제한하는 무언가가 존재한다는 신호로 받아들이는 것이 마땅합니다. SNS 등 플랫폼은 점차로 다양해지고 있고 온라인 공간의 의견과 발화가 여론에 미치는 영향력이 막강해진 만큼 여성이 열린 공간에서 어떻게 자기 목소리를 내고 영향력을 가질 수 있는지 점검할 필요가 있습니다.

그런데 한국 사회의 온라인 공간에서 여성의 목소리가 여론에 영향력을 미칠 기회가 많다고 이야기하기는 어려울 것 같습니다. 2018년 5월, 한국언론진흥재단에서 조사한 결과에 따르면, 댓글을 쓰는 비율은 조사 대상자 중 남성은 36.4%, 여성은 23.7%로, 여전히 남성의 비율이 높게 나타났습니다.* 물론 2016년 조사 결과에 비해서는 성별 간 차이가 줄어든 결과입니다. 2016년 조사에서는 남성은 58.3%, 여성은 39.4%로 나타났던 바 있습니다.

　뉴스 댓글 참여가 그렇게 문제 되는가, 그리고 온라인 뉴스 댓글은 원래 이상한 것이 아닌가 생각하는 분이 계실 수도 있겠습니다. 그런데 한국언론진흥재단의 2018년 동 조사에서 뉴스 댓글을 읽는 비율은 전체 조사 대상자의 70.2%나 되었습니다. 댓글을 읽는 목적으로는, 기사에 대해 다른 사람들이 어떻게 생각하는지 궁금해서 본다고 응답한 비율이 84%에 이릅니다. 즉, 많은 사람들이 댓글을 다른 사람의 의견으로 생각한다는 의미입니다. 특히 뉴스 댓글이나 공개 온라인 게시판은 누구나 검색하거나 찾아볼 수 있기 때문에, 쉽게 노출되어 여론으로 여겨질 가능성도 높아집니다. 문제는, 아직은 이런 공개적인 공간에 여성과 남성이 평등하게 참여하고 있다고 말하기 어렵다는 것입니다.

　이는 여성들 역시 인터넷을 많이 이용하고 있다는 말과는 다릅니다. 여성들도 활발하게 온라인 공간에서 활동을 합니다. 다만 한국의 온라인 공간을 보면, 여성들은 대체로 회원에게만 공개되는 회원제 카페(다음 카페 여성시대, 소울드레서 같은 곳이 대표적이지요.)에서 더 많이 활동하고, 남성들은 회원제더라도 누구나 글을 읽을 수 있는 공개 게시판과 커뮤니티(디시인사이드나 오늘

＊ 한국언론진흥재단, 「포털 뉴스서비스 및 댓글에 대한 인터넷 이용자 인식 조사」, 2018. 5. 31.

의 유머 같은 커뮤니티가 대표적입니다.)에서 활동하는 경우가 많다고 알려져 있습니다.

이처럼 성별로 다른 존재 방식 자체가 온라인 공간에서의 성차별 문화, '여성혐오' 표현 때문입니다. 공개적인 온라인 공간에서 여성의 참여가 줄어들고, 폭력적·혐오적 표현이 만연한 댓글 문화가 형성된 것은 여성혐오적 정서 구조와 관련이 깊습니다. PC 통신을 사용하던 시기인 1990년대 중후반 여성 이용자에 대한 온라인 성희롱이 문제되기 시작하더니, 1999년 '군 가산점제 위헌 소송' 이후로는 온라인상의 안티 페미니즘 담론이 격화되어 확산되었습니다. 1999~2000년경 온라인 공간에서 만들어진 광범위한 반페미니즘 담론**은 2000년대 이후 인터넷 이용자가 폭발적으로 늘어남에 따라 더 폭넓은 확산에 필요한 기술적·정서적 기반을 마련하게 되었습니다.

2001년 부산대학교 웹진 『월장』을 둘러싸고 일어난 사건이 대표적인 예입니다. 남성들은 「도마 위의 예비역」이란 글이 병역 의무를 다한 남성을 비하한다면서 관련자들의 연락처와 신상 정보를 알아내어 무차별적인 욕설과 협박을 가했습니다. 이처럼 페미니즘의 주장을 지지하는 여성에 대한 공격이 온라인 공간에서 쉽게 일어날 수 있는 일 중 하나가 되었습니다. 여성부(현재 여성가족부)에 대한 비하와 비난은 일종의 유희가 되어 유머 코드로 만

** 권김현영, 「군 가산점 소동과 싸이버테러」, 『여성과 사회』 11, 2000, 133~145쪽.

들어졌습니다.

폭력적인 온라인 문화 속에서 여성들은 다음 등의 포털 사이트를 중심으로 '여성'만의 안전한 공간을 구성하게 됩니다. 이러한 공간은 여성들끼리 온라인상의 정보를 공유하고 힘을 북돋울 수 있다는 의의가 있지만, 동시에 공개적 장에서 여성의 목소리를 두드러지지 않게 만드는 의도치 않은 효과를 발생시키기도 합니다. 결국 문제는 한국 온라인 공간의 성별화가 바로 '여성혐오'의 결과물이었다는 것입니다. 온라인 여성 커뮤니티가 공개적으로 검색되지 않는 회원제형 카페 구조에 안착해 회원 자격을 엄격하게 관리하게 된 것은 한국 온라인

공간 형성 시기 여성들이 경험한 사이버 성폭력과 괴롭힘을 피하기 위한 대안 중 하나였습니다.

혐오 표현에서 문제는 '표현'일까?

한편 이렇게 온라인상의 성차별 문제나 여성혐오 문제를 거론하면 "일베를 폐쇄하자."는 주장이 대안으로 쉽게 제안되는 경우도 있습니다. 하지만 이는 말 그대로 '표현' 자체에만 집중한 논리입니다. 여성혐오 표현이 대체로 일베에서 유래했으므로 일베만이 문제라고 주장하거나 자신은 일베에 접속하지 않으니 여성혐오

정서에 물들지 않은 사람이라고 정체성을 규정하는 경우를 종종 볼 수 있습니다. 2016년, 강남역 여성 살해 사건 이후 한국 사회 성차별 문제를 놓고 온라인 논쟁이 거세졌을 때, 한 남성 중심 사이트 이용자의 항변이 이를 잘 보여 줍니다. "우리 사이트에서 '삼일한'이나 '김치녀' 같은 일베 용어를 발견할 수 있냐고, 아니라고, 우리는 여성혐오를 한 적이 없다."라는 주장 말입니다. 하지만 성차별주의와 여성혐오의 정서는 극단적이고 폭력적인 표현의 형태는 아니더라도 일상생활에 이미 뿌리 깊게 자리 잡고 있는 경우가 많습니다. 이는 언어의 문제이면서 동시에 정서 구조의 문제이고, 현재의 성차별적 사회 구조와 맞물려 있는 것이므로 단지 표현만의 문제는 아닌 것입니다.

그저 '김치녀'라는 단어가 문제라면 언어 정화 운동이 필요할수도 있겠지만, 사실 여성 비하 정서는 이 단어에서 유래한 것이아니라 이전부터 존재하던 것입니다. 군 가산점제 논란 당시, 헌법 소원을 주도했던 사람들 중 이화여대 출신이 다수 포함되어 있다는 이유로 이화여대 자체를 비하하거나 모욕했던 것은 현재 '김치녀'라는 표현으로 대변되는 현상과 다르지 않습니다. 아니, 이는 온라인상의 것만도 아닙니다. 1991년 11월 미국 시사주간지『뉴스위크』는 「돈의 노예들: 이화여대생」이라는 제목으로 여성혐오적인 기사와 사진을 게재한 바 있습니다. 졸업 사진을 찍고 정문을 나오는 여성들의 옷차림을 두고 사치와 허영에 물들어 있다며 모욕하는 내용이었습니다. 이처럼 여성혐오 정서는 온라인 세계에서 새로 생기거나 일베가 만들어 낸 것이 아닙니다. 가부장제 문화, 성차별과 관련되어 있기에 사회 문화 전반에 영향을 미치며, 이것이 온라인 공간을 통해 특별히 더 가시화되었다고 할 수 있겠습니다.

온라인상 여성혐오를 둘러싼 논란들

과거 '꼴페미'라고 부르던 페미니스트 비하 용어는 이제 '메갈'이 된 것 같습니다. 그런데 '메갈'이란 말은 도대체 어디서 나온 것일까요? 2015년 메르스가 발생하고 나서 디시인사이드에는 메르스 갤러리가 생겼습니다. 그런데 홍콩에서 어떤 한국 여성이 메르스와 관련하여 문제를 일으켰다는 내용의, 부정확한 뉴스가 보도되면서 '역시 여자들이 문제'라며 비하하고 모욕하는 글들이 이 갤러리에 올라왔습니다. 이제 더 이상 참지 못하겠다고 생각한 여성들은 그간 보아 왔던 여성혐오적인 표현들을 미러링해서, 즉 성별을 반전해서 메르스 갤러리에 쓰기 시작했습니다. 예컨대 그 전까지 인터넷 공간에는 "내가 결혼할 여자는 숫처녀였으면 좋겠다. 여자는 조신해야 한다. 성 경험이 있는 여자는 더럽다."는 내용을 욕설에 가깝게 원색적으로 표현한 글들이 아무나 볼 수 있도록 전시되어 있었습니다. 메르스 갤러리에는 "내가 결혼할 남자는 숫총각이었으면 좋겠다. 남자는 조신해야 한다. 성 경험이 있는 남자는 더럽다."는 식으로 바꾸어 표현한 글들이 올라왔습니다. 이런 글을 놓고 "다 똑같이 나쁜 욕설이고 비하 표현이야."라고 말하는 건 그동안 온라인 커뮤니티에 여성 비하 표현이 일상화되어 있었다는 역사성을 무시하는 것입니다. 패러디 대상이 남성이니 '남성'에 대한 혐오라고 하는 이분법에 묶일 것이 아니라 현 사회 구조의 성차별을 폭로하는 일종의 '되받아쓰기'*로 이해해야 하는 것입니다. 이런 활동을 하던 여성들은 이후 '메갈리아'라는 사이트를 만들어 자신들의 이야기를 마음껏 펼치기 시작했지만, 2016년에 여러 가지 이유로 사이트 운영을 멈추게 되었습니다.

한편 여성혐오가 정서 구조의 문제라는 점에서 현재 남성 중심의 온라인 커뮤니티가 보이는 여성혐오 정서는 역차별 주장과 맞닿아 있습니다. 역차별이란 과거의 여성 차별로 인한 모순이 현재의 이삼십대 젊은 남성들에게 영향을 미치고 있다고 주장하는 것을 말합니다. 쉽게 말하자면, 과거에는 성차별이 존재했을지 모르나 지금은 이미 성평등이 이루어졌거나 혹은 오히려 남성이 차별받고 있는데도 여전히 과거로부터 누적된 차별로 평가하므로 현재 젊은 세대 남성들이 억울한 상황이라는 인식입니다.

* 여성혐오, 남성혐오라는 말을 '혐오 대상이 여성이다', '남성이다'로 이해하는 경우가 많아진 것 같습니다. 그러나 사실 여성혐오는 영어 개념 misogyny의 번역어로 가부장제 사회에서 여성을 비하하고 성적 대상화하며, 여성을 남성과 동등한 시민으로 취급하지 않는 문화적 양상들을 말하는 개념입니다. 가부장제하에서 바람직하다고 여겨지는 여성성을 정해 놓고 거기에서 벗어나는 여성을 모욕하고 비하하며 때로는 폭력적으로 처벌하는 형태를 띠고 있습니다.

젊은 세대 남성들은 과거 모순에 책임이 없는 자신들이 고통을 받기 때문에 현재의 성평등 정책이 부당하다고 주장합니다. 그들은 성별 권력 구조와 가부장제의 문제, 사회 구조적·역사적 차이를 인정하지 않으면서 자신들이 피해자의 위치를 자연스럽게 차지합니다. 역차별 주장의 대표적인 사례인 성별 임금 격차 문제를 살펴봅시다. 온라인 공간에서는 임금 격차가 남녀 간의 차이가 아니라 노동 시간, 연령, 근속 기간과 같은 변수에서 비롯된다는 주장이 인기를 얻고 있습니다. 그런데 이미 노동 시간과 연령, 근속 기간이 성별에 기인한 경우가 많습니다. 남성의 평균 근속 연수는 7.2년이고 여성은 4.7년입니다. 비정규직의 비율 역시 여성이 1.5배가 더 높습니다. 성별, 근속 연수, 비정규직, 최종 학력, 성별, 산업군 등을 모두 변수로 해서 연구한 한 통계 연구는 성별 임금 격차의 44.9%는 성별 외의 요인으로 설명하기 어렵다는 결과를 보고한 적도 있습니다.[**]

하지만 이런 자료들보다는 스스로를 피해자라고 생각하는 정서가 남성 커뮤니티 이용자들 사이에 더욱 강력하게 존재합니다. 이런 맥락에서 2016년 강남역 여성 살해 사건 당시 '잠재적 가해자'라는 표현은 다수의 남성 온라인 커뮤니티 이용자들의 강력한 반발을 불러일으켰습니다. 구조의 피해자인 남성을 일방적으로 매도한다면서, 성차별 문제는 중년 이상의 세대가 책임져야 하고,

[**] 최태섭, 『한국, 남자』, 은행나무, 2018.

혐오 표현 문제는 일베와 같은 특정한 사이트의 문제일 뿐이라고 주장하는 것입니다.

혐오의 전파를 막기 위해서

이러한 정서 구조와 담론은 이제 유튜브를 비롯한 1인 방송을 통해 전달됩니다. 매체 환경은 날로 급변하고 있습니다. 긴 글을 읽거나 쓰는 활동보다는 영상을 매개로 한 활동을 더 익숙하게 여기는 사람들이 늘고 있는 상황입니다. 1인 방송은 청년 세대에게 매우 중요한 오락·정보 매체가 되었습니다. 그런데 그 자체에 목소리의 불균형이 있습니다. 이미 많은 이들이 인종차별이나 여성혐오, 성소수자 혐오 등을 유튜브가 조장하고 있다는 비판을 가하고 있습니다. 유튜브에서는 누구나 방송을 제작해서 올릴 수 있고, 누구나 댓글을 달 수 있습니다. 그런데 유튜브 영상물이나 댓글에 혐오 표현이 존재해도 전혀 제지하지 않는다면 혐오 대상이 된 존재들의 목소리는 점점 줄어들게 되는 것입니다. 이로 인해 1인 방송 세계에서 대표성의 차이가 발생할 수 있습니다.

　게다가 유튜브와 아프리카 TV 등 대표적인 1인 방송 플랫폼에는 본격적으로 '안티 페미니즘'을 기치로 내건 채널이 존재합니다. 이러한 방송의 핵심 콘텐츠는 역차별 주장으로, 여성의 권리 주장을 무조건 이기적인 것이라며 페미니즘을 왜곡하여 전달하는 것입니다. 이러한 방송은 읽기 문화가 점점 사라지는 시대에 기존의 책과 문서로 대표되던 지식 제공 수단을 대체하는 1인 방송의 힘이 안티 페미니즘 정서의 확산에 활용되고 있는 사례라고 할 수 있습니다. 한편 '김치녀'를 방송 소재로 삼는 경우도 흔합니다. 제목에 '김치녀', '메갈', '페미' 등의 지칭어를 넣는 경향이 있으며, 여성이 남성을 착취하고 있다는 '김치녀' 스토리를 사실로 확정한 후 이를 남성이 징벌하는 이야기가 주요 내용입니다. 이런 영상물은 '김치녀는 처벌당해야 한다.'는 주장을 서사로 표현하고 폭력을 정당화하는 내용이라고 할 수 있습니다.

인터넷을 가상의 공간이라고 말하는 것은 이제 옳지 않은 것 같습니다. 사실 우리 삶의 거의 모든 것이 온라인에 연결되어 있기도 합니다. 오히려 온라인을 중심으로 인간관계와 사회적 세계가 구성되어 있기도 합니다. 그래서 이러한 온라인 세계에서 성차별적 인식과 안티-페미니즘 정서가 아무 문제 없이 당연한 것처럼 유통되는 것은 문제가 아닐 수 없습니다.

이 문제에 대해 어떤 대안이 있어야 할까요? 일본의 교육 문제 연구가 우치다 다쓰루는 반지성주의라는 개념을 통해 이러한 혐오 문제를 진단합니다.* 그는 사회성과 공공성이라는 것은 현재 여기 있는 자들만의 문제가 아니라, 죽은 자 그리고 아직 태어나

---

* 우치다 다쓰루, 「반지성주의자들의 초상」, 우치다 다쓰루 엮음, 김경원 옮김, 『반지성주의를 말하다: 우리는 왜 퇴행하고 있는가』, 이마, 2016.

지 않은 자를 고려해서 공동체를 어떻게 구성할 것인가를 고민함으로써 만들어진다고 주장합니다. 이처럼 차별과 혐오는 지금 당장이 아니라 과거와 미래를 함께 생각하면서 해결해야 하는 것입니다. 그리고 우리가 어떤 사회를 만들어 가야 하는가에 대한 미래상을 공유하는 데에서부터 출발해야 하는 일이기도 합니다.

이 사회에서 남성성, 여성성을 어떻게 학습하게 되는지 꼼꼼히 살펴보고, 이 과정에서 차별과 혐오가 재생산되지 않으려면 무엇이 필요한지 함께 이야기해 보면 어떨까요. 온라인 공간의 현재 모습만을 보고 공론장의 가능성을 포기하기보다는 어떻게 바꾸어 갈 수 있는지 가능성을 꾸준히 따져 보는 것이 현재 필요한 일일 수도 있겠습니다. 우선 매일매일 들여다보는 온라인 콘텐츠 중에서 여성에 대한 폭력이나 사회적 약자와 소수자에 대한 문제적인 표현을 유머로 포장하고 있는 것은 혹시 없는지 살펴보는 것은 어떨까요? 성차별에 관해 상반되는 내용을 보게 된다면 어떤 내용이 더 많은 근거를 가진 이야기인지, 차별의 진정한 의미는 무엇인지 차분하게 다시 한번 들여다보는 것은 어떨까요? 사유를 멈추는 곳에서 폭력은 아무 반성 없이 반복된다는 것이 독일의 정치이론가 한나 아렌트의 성찰이기도 했습니다.* 지금 우리에게 필요한 것은 진지하게 따져 보는 일입니다.

* 한나 아렌트, 『예루살렘의 아이히만』, 김선욱 옮김, 한길사, 2006.

페미니스트,
넌 누구니?

나오미

김고연주

대학원에 진학해 여성학을 본격적으로 공부하면서 김고연주가 되었다. 연구하고 강의하고 책을 쓰다가 2017년부터 서울시 젠더자문관으로 일하고 있다. 페미니스트로 정체화한 지 어언 20년이 되어 가지만 여전히 페미니스트로 살기 어렵다. 그래도 요즘처럼 힘이 날 때가 없었다. 페미니즘의 부상 덕분에 서울시 안팎에서 힘을 받고 있기 때문이다. 우리 사회의 변화가 반갑고 놀랍고 고마울 따름이다. 지은 책으로 『길을 묻는 아이들』, 『조금 다른 아이들, 조금 다른 이야기』, 『우리 엄마는 왜?』, 『나의 첫 젠더 수업』, 『소녀, 설치고 말하고 생각하라』(공저) 등이 있다.

"나는 페미니스트가 싫어요,
그래서 나는 IS가 좋아요."

"I hate feminist So I like the isis." 도대체 무슨 말인지 어안이
벙벙하지요? 2015년에 터키에서 실종되면서 테러 단체 이슬람국
가(IS)에 가담한 후 사망한 것으로 추정되는 열여덟 살 김모 군이
2014년 10월 자신의 SNS에 남긴 글입니다. 김 군의 IS 가담과 실
종이 큰 이슈가 되면서 '페미니스트'가 인터넷 포털 실시간 검색
어 상위권에 오랫동안 랭크되었습니다. '도대체 페미니스트가 무
엇이길래 김 군이 IS에 가담했을까?'라는 궁금증을 지닌 사람들이
많았다는 뜻이겠죠. 하지만 '페미니스트'를 인터넷에서 검색해 본
들 정확한 뜻을 알기는 쉽지 않아요. 페미니스트는 간단명료하게
설명하기 어려운 개념일뿐더러 우리 사회에서 페미니스트에 대한
진지한 고찰은 거의 없었으니까요. 우리나라를 대표하는 국립국어
원 표준국어대사전의 뜻풀이만 봐도 이를 확인할 수 있습니다.

　　표준국어대사전은 2015년 1월 당시 페미니스트를

1. 여권신장, 또는 남녀평등을 주장하는 사람

2. 여성을 숭배하는 사람, 또는 여자에게 친절한 남자

로 설명하고 있었습니다.

1번은 너무 간단하고 2번은 심지어 틀린 뜻이죠. 김모 군의 SNS 메시지가 알려지면서 '페미니스트' 뜻에 대한 관심이 집중되고 있던 2015년 1월 21일 한국여성단체연합은 국립국어원이 페미니즘과 페미니스트에 대한 오인과 몰이해를 강화하고 있다고 문제를 제기하였습니다. 한국여성단체연합은 다음과 같은 정의를 참고하여 뜻풀이를 수정하라고 요구하였습니다.

페미니즘은 "계급, 인종, 종족, 능력, 성적 지향, 지리적 위치, 국적 혹은 다른 형태의 사회적 배제와 더불어, 생물학적 성과 사회문화적 성별로 인해 발생하는 모든 형태의 차별을 없애기 위한 다양한 이론과 정치적 의제들", 페미니스트는 "이러한 '페미니즘'을 지지하고 실천하는 사람"이라고요.

하지만 국립국어원은 한국여성단체연합의 엄중한 요구와 친절한 설명에도 페미니스트의 두 번째 의미를 삭제하지 않았습니다. 국립국어원은 현재 페미니즘을 "성별로 인해 발생하는 정치, 경제, 사회문화적 차별을 없애야 한다는 견해"로, 페미니스트는

1. 페미니즘을 따르거나 주장하는 사람

2. 예전에, 여자에게 친절한 남자를 비유적으로 이르던 말

로 설명하고 있습니다. '예전에'라는 단어를 덧붙였다고 해서 틀린 뜻이 맞게 되는 게 아닌데 말이에요.

페미니스트에 대한 사회의 뜨거운 관심은 네이버 국어사전 최다 검색어로도 확인되고 있습니다. 페미니스트가 2017년 2위에 이어 2018년 1위로 집계되었거든요. 그런데 어쩌죠. 네이버 국어사전에서 페미니스트를 검색하면 바로 표준국어대사전의 페미니스트 뜻풀이가 나와요. 많은 국민들이 페미니스트의 잘못된 의미를 접하고 있는 상황입니다.

국립국어원도 페미니스트에 대해 제대로 설명하지 못하는 현실에서 김 군이 페미니스트에 대해 잘 알고 있기는 어려웠을 거예요. 더욱이 김 군이 페미니스트를 증오하고, IS가 좋다고 말한 걸로 봐서 김 군이 잘못돼도 한참 잘못된 생각을 하고 있었다는 사실을 알 수 있어요. 여성에 대한 IS의 실체는 이미 일부분 알려져 있어요. IS는 2014년 10월에 온라인 영문기관지 『다비크』(Dabiq)에 실린 「노예제의 부활」이라는 기사에서 여성과 어린이 인신매매를 인정하고 노예제를 공식화했습니다. 앞선 8월에는 소수민족인 야지디족이 거주하는 이라크 신자르를 점령한 후 전투원들에게 여성과 어린이를 '전리품'으로 나눠 줬다고 밝혔고, 이는 노예제를 인정하는 이슬람법에 따른 것이라고 정당화했거든요.* 또

---

* 「'페미니스트가 싫어' 김 군, '여성 증오'가 IS 가담으로 이어졌나」, 『쿠키뉴스』, 2015. 1. 21.

한 IS는 『포로와 노예에 대한 문답』이라는 가이드북을 통해 이슬람을 믿지 않는 여성들은 전투와 관계없어도 포로로 잡아도 되고, 매매·상속·증여할 수 있으며, 미성년자와 성관계가 가능하다고 밝혔습니다. 여성을 인신매매할 때 가격을 명시한 문서도 발행했는데 1~9세 여아 172달러, 10~20세 여성 129달러, 20~30세 여성 86달러 등 나이가 많을수록 낮아졌습니다.*

김 군이 이렇게 여성들을 물건처럼 사고팔고 남성들의 성욕 해소의 도구로 보는 IS를 지지했던 것일까요? 페미니스트에 대한 증오도, IS에 대한 동경도 김 군에게 직접 물어보고 확인할 수 없기에 김 군이 쓴 글을 보고 짐작할 뿐이지만, 생사를 알 수도 없는 결과를 초래한 김 군의 생각과 행동이 무섭고 무모하고 안타까울 뿐입니다.

페미니스트의 무게

국민들이 김 군을 보며 도대체 페미니스트가 무엇인지 궁금해하던 차에 김 군의 판단과 행동을 두둔하는 글이 또 한 번 발표되었습니다. 팝칼럼니스트 김태훈 씨가 「IS보다 무뇌아적 페미니즘이

---

* 「'페미니스트 증오' 김 군 관심 가진 IS, 미성년자에 가격 매겨 성관계도 가능하다며…… 경악」, 『데일리한국』, 2015. 1. 21.

더 위험하다」는 제목의 칼럼을 쓴 것이에요. 김태훈 씨는 "현재의 페미니즘은 뭔가 이상하다. 아니, 무뇌아적인 남성들보다 더 무뇌아적이다. 남성을 공격해 현재의 위치에서 끌어내리면 그 자리를 여성이 차지할 거라고 생각한다."라고 썼습니다.

김 군과 김태훈 씨의 잇따른 페미니스트 왜곡 및 혐오 발언은 더 이상 침묵할 수 없는 수위였습니다. SNS에서 "#나는 페미니스트입니다"라는 해시태그 달기 운동이 벌어졌어요. 많은 여성과 남성들이 운동에 동참했습니다. 페미니스트를 궁금해하는 사람들에게 "바로 나다."라고 밝히는 것이었지요. 사실 이 운동은 동참하기 쉽지 않은 운동이었습니다. 첫 번째 이유는 자신을 페미니스트로 정체화하고 주위 사람들에게 밝힐 때 '드센 여자', '쌈닭', '편협한 극단주의자', '여성 우월주의자', '오크녀', '프로불편러', '꼴페미' 같은 비아냥과 비난을 감수해야 하기 때문입니다. 두 번째 이유는 "바로 내가 여러분이 궁금해하는 페미니스트다."라고 밝혔을 때 자신의 부족한 모습이 페미니즘과 페미니스트들에게 해를 끼치는 것은 아닐까 하는 걱정 때문입니다. 자신에게도, 다른 사람들에게도 부정적인 영향을 줄 수 있다는 점을 참작해야 하는 운동이었던 것이죠. 하지만 많은 사람들이 용기를 내 이 운동에 동참했어요. 페미니스트가 많다는 사실을 드러내고 함께 연대하는 것으로 두 가지 걱정을 모두 불식시킬 수 있기 때문이지요.

먼저 첫 번째 걱정을 살펴볼까요? 페미니스트는 까칠하고 못생겨서 남자의 사랑을 받지 못한 좌절과 분노를 남자 탓으로 돌리는 여성이라거나, 남성들 간의 경쟁에서 패배해 여자에게 잘 보이려고 하는 남성이라는 폄하와 왜곡 말이에요. 페미니스트는 여성이든 남성이든 실패자이고 한 줌 소수에 불과하다는 인식은 비단 한국에서만 팽배한 것이 아니에요. 할리우드에서 많은 셀럽들이 자신이 페미니스트라고 밝히는 이유입니다. 메릴 스트립, 엠마 왓슨, 비욘세, 내털리 포트먼, 제니퍼 로런스, 스칼릿 조핸슨, 클로이 모레츠, 에즈라 밀러, 애슐리 저드, 갈 가도트, 앤젤리나 졸리, 라이언 고슬링, 대니얼 래드클리프, 마크 러팔로, 조지프 고든 래빗, 사이먼 페그, 애슈턴 쿠처, 톰 히들스턴, 베네딕트 컴버배치 등 최고 셀럽들의 선언이 이어지고 있습니다. 이들을 보면 페미니스트가 실패자라는 생각을 바꿀 수밖에 없을 거예요. 나아가 셀럽들을 비롯해 자신을 페미니스트라고 정체화하는 사람들이 많다는 사실은 페미니즘의 가치와 세력을 드러내 페미니스트에 대해 함부로 비난할 수 없게 합니다.

다음으로 두 번째 걱정을 살펴볼게요. 내가 비난받는 것보다, 나로 인해 페미니즘과 페미니스트들이 비난받을까 봐 걱정하는 마음은 자신을 페미니스트라고 생각하는 사람이라면 누구나 깊이 공감하는 부분일 거예요. 우리가 태어나 자란 세상이 남성 중심적이고, 성과 성별에 따른 차별이 있고, 성별 고정관념이 강하기 때문에 누구도 여기서 자유로울 수 없습니다.

이를 색깔로 표현하자면, 우리는 흔히 남성의 색이라고 말하는 파란색 세상에 살고 있다고 할까요. 우리는 파란색 세상에 태

나오며 − 페미니스트, 넌 누구니?

어나 자라면서 파란색 물이 든 스머프들인 것이죠. 파란색 세상을 페미니즘의 색인 보라색으로 바꾸겠다고 보라색 잉크를 한두 양동이 붓는다 한들 티도 안 날 거예요. 엄청난 양의 보라색을 끊임없이 들이부어야 변화가 느껴질락 말락 하겠죠. 그러니 파란색 세상에 살고 있는 스머프들이 자신의 몸과 마음과 머리에서 파란색을 빼고 보라색을 입히기란 얼마나 어렵겠어요. 익숙한 것들, 오랫동안 당연시해 온 것들을 불편하게 느끼고, 문제를 제기하고, 변화시키기 위해 노력하는 것은 정말 쉽지 않습니다. 그래서 페미니스트들은 이런 한계와 어려움을 이해하고 인정하면서도 더 많이 고민하고 노력하고 공부한답니다. 자신도, 다른 사람들도 함께 변화하기 위해서지요.

이러한 무게를 지닌 "#나는 페미니스트입니다" 해시태그 운동을 통해 한국 사회에 상당히 많은 페미니스트가 있다는 사실을 페미니스트들도, 또 국민들도 알게 되었어요. 특히 지금까지 "나는 페미니스트는 아니지만……"이라는 말을 꺼낸 후에야 페미니즘적인 말을 했던 사람들이 용기를 낼 수 있게 되었죠. 사실 "생물학적 성과 사회문화적 성별로 인해 발생하는 모든 형태의 차별이 없어져야 한다."는 지향에 반대하는 사람은 거의 없을 거예요. 누구나 평등하게 인간의 존엄을 존중받아야 한다는 것은 상식이자 윤리니까요. 하지만 이런 상식과 윤리라는 추상적인 가치를 일상이라는 구체적인 영역에 적용할 때는 많은 간극이 발생하게 마련입니다. 앞서 말한 대로 우리는 스머프들이기 때문에 무엇이 차별인지에 대한 견해 차이가 크거든요. 똑같은 세상에 살고 있지만, 어떤 사람들은 지금 충분히 평등하고 오히려 남성들이 역차별을 받고 있다고 주장하고, 어떤 사람들은 여전히 차별이 심각하고 갈 길이 멀다고 생각하잖아요. 어떤 사람들은 페미니즘이 남성이 가진 것을 빼앗아 그 자리를 차지하려는 여성 우월주의 내지는 남성 혐오주의라고 생각하고, 어떤 사람들은 페미니즘이 모두의 행복과 존엄을 위한 것이라 생각하고요.

우리 곁의 페미니즘

이렇게 견해 차이가 큰 현실에서 여러분은 어떤가요? 페미니즘에 거리를 두는 사람들도 있고, 열렬히 지지하는 사람들도 있고, 어떤 태도를 취할 것인지 혼란스러운 사람들도 많을 거예요. 페미니즘에 대한 입장과 판단은 매우 넓은 스펙트럼으로 존재하고 있어요. 하지만 자신이 어디에 위치하느냐와는 무관하게 이제 페미니즘은 거스를 수 없는 물결이 되었습니다. 페미니즘을 어떻게 생각하든 페미니즘을 모르거나 민감성이 떨어지면 도태될 수밖에 없을 정도로 한국 사회가 변했다는 사실은 누구도 부정할 수 없지요.

페미니즘은 이론에 머물지 않고 일상을 바꾸려는 실천이기 때문에 가정, 학교, 직장 등 어디에서나 성평등한 관계와 문화를 만들려는 움직임이 활발합니다. 데이트폭력과 안전이별을 걱정하는 여성들은 상대가 페미니즘에 어떤 반응을 보이는지를 기준으로 연애를 할지 말지 결정하고 있습니다. 또한 직장에서는 성희롱, 임금 격차, 유리천장에 대해 문제를 제기하고 가정에서는 독박 육아, 명절 독박 노동, 가족 간의 차별적인 호칭을 바꾸자고 제안하고 있습니다. 2018년 혜화역에서 여성들은 단일 성별 시위 규모 기록을 계속 갈아 치우며 "우리들은 꽃이 아니다, 우리들은 불꽃이다.", "우리의 일상은 당신의 포르노가 아니다."라고 외쳤습니다.

여러분의 일상도 상당한 변화가 있지요? 어른들이 입이 닳도록 "화장하지 않는 게 더 예쁘다."고 말해도 귓등으로도 듣지 않던 십대 여성들이 탈코르셋 운동에 동참하며 화장품을 버리고, 머리를 자르고, 아동복 크기의 블라우스와 치마 교복에서 벗어나고 싶다고 목소리를 높이고 있습니다. 2018년을 달구었던 미투운동에서도 여러분의 참여가 돋보였습니다. 스쿨미투를 통해 누구나 경험하지만 이야기하지 못했던 교내 성폭력, 성차별을 수면 위로 끌어올렸지요. 또한 '느금마', '엠창', '앙 기모띠'같이 교실에서 흔히 들을 수 있게 돼 버린 혐오 표현에 문제를 제기했고요. 여러분 덕분에 교사, 학생 모두를 대상으로 한 성평등 교육이 시급하다는 데에는 사회적 합의가 이루어진 상태입니다.

소문으로만 듣던 페미니즘의 얼굴은 이런 것이랍니다. 굉장히 익숙하다고요? 맞아요, 오래전부터 우리의 일상 어디에나 함께 있었지요. 그러니 페미니즘에 대한 소문에 휘둘릴 필요가 없어요. 여러분이 직접 페미니즘을 접하고 스스로 판단하면 됩니다. 앞으로도 페미니즘은 주목을 받고, 페미니스트는 더욱 많아질 것이고, 젠더 이슈는 계속 화두가 되고, 가시적인 변화들이 목격될 거예요. 그럴수록 페미니즘과 페미니스트에 대한 악의적인 소문과 혐오도 더욱 강화될 것이고요. 아무리 내로라하는 할리우드의 셀럽들이 페미니스트라고 선언을 해도 한국의 페미니즘과 외국의 페미니즘은 다르다며 폄하할 겁니다. 하지만 이런 억지스러운 구별 짓기에 휘둘리지 말아요. 우리나라에서도 대통령, 시장, 국회의원을 비롯해 김혜수, 공효진, 문소리, 박해미, 요조, 권해효, 박찬욱 같은 셀럽들이 자신을 페미니스트라고 정체화하고 있잖아요.

모두의 페미니즘

그렇다면 왜 이렇게 페미니즘이 세력화되고 있는 걸까요? 페미니즘은 여성주의로 번역되는데 왜 여성만을 위한 것이 아닌 모두를 위한 것이라고 하는 걸까요? 힌트는 한국여성단체연합이 제안했던 페미니즘의 정의에서 찾을 수 있어요. "계급, 인종, 종족, 능력, 성적 지향, 지리적 위치, 국적 혹은 다른 형태의 사회적 배제와 더불어, 생물학적 성과 사회문화적 성별로 인해 발생하는 모든 형태의 차별을 없애기 위한 다양한 이론과 정치적 의제들"이라는 설명에 여러분의 상황을 대입해 볼 수 있을 거예요. 어느 누구도 우리 사회에 존재하는 촘촘한 차별 기준에서 언제나 우위에 있을 수 없지요. 돈도 많고, 학벌도 좋고, 직장도 안정적이고, 이성애자이고, 서울말을 쓰고, 군대를 다녀오고, 영어를 유창하게 하고, 술도 잘 마시고, 운동도 잘하고, 키도 크고, 배도 나오지 않고, 탈모도 진행되지 않은 남성이 있을까요? 눈 씻고 찾아봐도 없을 거예요. 설령, 만에 하나 위의 요소들을 다 갖추었다 한들 황인종이잖아요. 백인에게 차별받고 멸시받는 황인이죠. 자신이 황인으로 태어나고 싶어서 태어난 것도 아니고, 황인의 피부색을 바꿀 수 있는 것도 아니거니와, 실제로 황인보다 백인이 우월한 것도 아닌데 황인이라는 이유로 차별을 받으니 미치고 팔짝 뛸 노릇입니다. 억울함, 분함, 답답함은 이루 말할 수가 없을 거예요. 이렇게 황인이라는 이유로 백인에게 차별을 받는 것이 부당하다고 느낀다면 마찬가지로 황인이라는 이유로 흑인을 차별하면 안 되는 거잖아요. 황인이 흑인을 차별하며 우월감을 만끽하면서, 백인에게 차별받는 것이 불쾌하고 부당하니 황인을 차별하지 말라고 요구할 수는 없어요. 황인이 백인보다 열등하다고 생각하는 사람들, 백인과 다른 대우를 받는 것이 당연하다고 생각하는 사람들에게 분노한다면 성과 성별에 의거한 차별에도 똑같이 분노해야 되는 것이죠. 우리 사회의 촘촘한 차별 기준에 의해 누구나 어떤 이유로든 차별을 받는 경험을 하게 마련이고 그러한 경험을 통해 차별을 받는 것이 얼마나 억울하고 잘못되었는지를 마음 깊이 느낄 수 있으니까요. 이러한 경험과 공감을 통해 누구나 소수자 정체성을 가질 수 있고, 소수자들 간의 연대가 가능해집니다. 결국 페미니즘은 사회적,

나오며 – 페미니스트, 넌 누구니?

역사적으로 대표적 소수자인 여성의 현실 자각에서 출발해 모든 사람들의 소수자성으로 확장되어, 다양성 존중을 통한 모든 인간의 평등과 존엄을 주장한답니다.

그렇다면 여성주의로 번역되는 페미니즘이 아니라 휴머니즘으로 바꿔야 하는 거 아니냐고요? 실제로 여성주의로 번역된다는 이유로 페미니즘이 여성만을 위한 것이라거나 페미니스트가 여성 우월주의자 또는 남성 혐오자라고 왜곡하는 사람들이 있지요. 하지만 페미니즘은 여성과 남성이 동등하지 않고 남성보다 여성이 열등하다는 생각과 여기에서 비롯되는 여성혐오에 대한 문제 제기에서 시작된 것이에요. 따라서 반대로 여성이 우월하다는 생각과 이 생각에 기반한 남성 혐오는 성립 자체가 어렵습니다.

'어? 메갈리아나 워마드들의 미러링 전략에 따른 남성혐오 표현은 뭐지?'라는 의아함을 느낄 수 있을 거예요. 이에 대해 법학자 홍성수는 『말이 칼이 될 때』(어크로스, 2018)에서 '혐오의 피라미드'라는 개념을 설명합니다. 혐오가 성립하려면 단순히 관념 속의 상상이거나 개인적인 불쾌감이 아닌 구체적으로 입증 가능한 고통과 사회적 배제, 혐오가 차별과 폭력으로 이어졌던 역사적 경험 등이 필요합니다. 여성혐오는 성적 대상화, 성적 괴롭힘, 혐오 표현, 고용·서비스·교육 등에서의 차별, 스토킹, 데이트폭력, 폭행, 성폭행, 살인에 이르기까지 다양한 영역에서 다양한 형태로 발현되고 있습니다. 반면에 남성혐오적 발언이 남성 차별을 확대 재생산한다고 볼 수는 없다는 겁니다. 예를 들어 김치녀로 표상되는 여성

집단 학살
특정 집단에 대한
의도적, 조직적 말살

증오 범죄
편견에 기초한 폭행,
협박, 강간, 방화, 테러, 기물 파손

차별 행위
고용, 서비스, 교육 등의 영역에서의
차별, 괴롭힘, 배제, 분리

혐오 표현
조롱, 위협적·모욕적·폭력적 말이나 행동, 집단 따돌림

편견
특정 집단에 대한 부정적 고정관념, 같은 생각을 가진 사람들 사이의 편견 공유

혐오의 피라미드
(출처: 『말이 칼이 될 때』, 어크로스, 2018)

에 관한 부정적 인식이 직장에서 여성들에 대한 편견을 조장하고 실제 차별을 낳을 가능성이 있음은 분명하지만, 한남충이라는 말이 남성에 대한 부정적 고정관념을 확산하고 직장에서 남성들을 차별하는 데 일조하고 있다고 볼 수 없다는 것이죠. "김치녀 패기 좋은 날씨다."를 "한남충 패기 좋은 날씨다."로 미러링하거나 "삼일한"을 "숨쉴한"으로 미러링한들, 여성들에게 삼일한은 실제로 일어날 수 있는 위협이지만, 남성들에게 숨쉴한은 농담에 지나지 않죠. 이러한 현실이 남성에게 혐오 표현을 한다고 해서 남성혐오가 실재한다고 볼 수 없는 이유라고 설명합니다.

이렇게 남성혐오가 실재할 수 없는 현실이 휴머니즘이 아니

라 페미니즘을 고수해야 하는 이유랍니다. 페미니즘의 궁극적 지향은 휴머니즘이지만 여성은 남성과 동등한 인간으로 인정도, 대접도 받지 못하고 있기 때문이에요. 여성을 비롯해 인간의 범주에 들어가지 못한 수많은 소수자들이 존재하는 한, 휴머니즘이라는 용어를 사용하면 그들을 안 보이게 하고, 배제하게 되고 맙니다. 또한 앞서 언급했던 우리 사회의 촘촘한 차별 기제들 중에서 성별은 다른 요소들과 동등하다기보다 다른 요소들을 관통하는 기제인 경우가 대부분이에요. 예를 들어 외모 차별은 여성과 남성 모두에게 적용되지만 여성이 겪는 차별이 남성이 겪는 차별보다 훨씬 심각하다는 것은 누구도 부정할 수 없어요. 나이에 따른 차별도 남성은 나이를 먹으면 전문성을 인정받고 중후하다고 평가받지만 여성은 경력이 단절되고 매력이 없어진다고 평가받지요. 고용의 경우도 우리나라의 성별 임금 격차는 OECD 국가 중 1위를 유지하고 있고 유리천장도 견고합니다. 이렇게 남성은 1등 시민이고 여성은 2등 시민이지요. 기울어진 운동장에서 출발선 자체가 다른 상황이에요. 페미니즘 또는 여성주의에서 '여성'은 여성에서 시작해 소수자로까지 확장된 페미니즘의 역사와 계보를 지니고, 차별의 기제들이 작동하는 방식의 근저를 보여 준다는 점에서 다양한 소수자들의 상징일 수 있습니다.

이제 페미니즘이 왜 모두의 페미니즘인지, 왜 우리 모두는 페미니스트가 되어야 한다고 하는지 이해할 수 있을 거예요. 하지만 페미니즘과 자신의 거리는 여러분이 정하는 것입니다. '빨리 페미니스트가 되어야 할 텐데'라고 조급해할 필요도, '페미니스트가 되어야 하나?' 하고 부담스러워할 필요도 없어요. 자신이 하고 싶은 대로, 마음 내키는 대로 하면 됩니다. 자신의 정체성은 스스로 만드는 것이니까요. 그리고 자신을 페미니스트로 정체화하는 것과는 별개로 성평등, 다양성, 인간의 존엄성 등 페미니즘의 지향은 누구에게나 평생의 화두일 것입니다. 페미니즘은 그 길에서 언제나 여러분의 곁에 있을 겁니다.

Q&A, 성폭력에 대처하는 법*

김보화

한국성폭력상담소 부설연구소 울림 책임연구원

Q. 성폭력 예방은 가능한가요?

A. 성폭력 예방법에서 꼭 기억해야 할 것은 피해자가 예방할 수 있는 방법은 "없다"는 것입니다. 아무리 밤길을 다니지 않아도, 야한 옷차림을 하지 않아도 성폭력은 발생합니다. 그래서 안전한 공간과 위험한 공간을 분리하는 것도 근본적인 예방은 되지 않아요. 청소년 대상의 성폭력은 대부분 학교 친구나 선배, 가족 등 매우 친밀한 관계에서 발생하기 때문에 성폭력 예방은 '되는 것'이 아니라 가해자가 가해하지 '않아야'만 가능합니다.

---

* 『성폭력 근절, 남성도 뛴다!: 남성들을 위한 성폭력 근절 가이드북』(한국성폭력상담소, 2003)과 『보통의 경험: 성폭력 피해자를 위한 DIY 가이드』(한국성폭력상담소, 2011)를 일부 참고하여 재구성하였습니다.

가해자가 되지 않기 위해 제일 중요한 것은 상대와의 의사소통입니다. 성적 호감이 드는 상대가 있다면 상대의 마음을 얻기 위해, 상대와 잘 소통하기 위한 언어와 행동을 계속 고민해야 합니다. 이러한 언행을 고민하지 않는 사람은 피해자보다 나이가 많거나, 힘이 세거나, 인기가 많거나, 경제적으로 부유한 '강자'의 위치에 있는 사람일지도 모릅니다. 그래서 내가 가지고 있는 자원이나 조건, 위치들로 인해 상대를 무시하고 있는 것은 아닌지 성찰하는 자세가 필요합니다. 상대도 원했을 것이라고 단정하기 전에 상대의 감정을 살피는 것이 필요합니다. 상대의 몸과 인격은 분리되어 있지 않으며 통합적이라는 것, 상대에 대한 존중감 속에서 의사소통이 시작된다는 점을 기억했으면 좋겠습니다.

Q. 내가 가해자가 되었다면?

A. 그럼에도 불구하고 성폭력 가해자로 지목받을 수 있습니다. 성폭력 가해는 하지 않아야겠지만, 그렇다고 절대 일어날 수 없는 일도 아닙니다. 그런데도 누군가 나를 가해자라고 지목한다면 억울한 마음과 함께 "나는 그런 사람이 아니야."라는 저항감도 듭니다. 왜냐하면 이 사회에는 성폭력 가해자에 대한 편견이 강하게 있기 때문입니다.

우리는 성폭력 가해자를 상상할 때 흉악하고 극악무도한 '괴물'을 떠올리는 경우가 많습니다. 성폭력 가해 원인에 대한 연구들을 보면 대개 성폭력 강력범일수록 불우한 가정환경에, 학대 경험, 저소득 계층, 저학력, 높은 알코올 의존도가 있다고 설명해 왔으니까요. 또한 뇌호르몬의 영향이라든가, 골상학적 문제, 칼슘 결핍, 조현병 등의 '질병'으로 접근하기도 합니다. 그러나 이러한 기준에 적용되는 가해자는 매우 드물 뿐 아니라, 성폭력이나 장애인에 대한 사회적 편견을 강화하고, 형사 고소되지 않았거나 법적으로 무혐의 처분을 받거나 승소한 가해자들을 설명하지 못합니다. 성폭력은 특수한 개인의 문제가 아니라 한국 사회의 왜곡된 남성다움을 강조하는 문화에서 기인하며, 따라서 거의 대부분의 가해자는 잘 교육받고, '정상 가족'에서 자란 지극히 '평범한' 사람들인 경우가 많습니다.

일단 의도하지 않았더라도 문제 제기를 받았다면, 우선은 사과할 수 있는 용기가 필요합니다. 우리가 길을 걸을 때, 혹은 좁은 지하철에서 의도치 않게 누군가의 발을 밟았다면, 미안하다고 말하는 것이 우선입니다. 그때 "나는 그럴 만한 사람이 아니다."라거나 "억울하다."거나 하는 말들은 의미가 없습니다. 상대가 내 마음과 다르더라도 먼저 사과할 수 있는 용기, 사과하는 방법과 연습이 필요합니다. 그 이후, 학교 안/밖에서 절차가 진행되는 동안 나를 변명하기보다 내 행동의 어떤 부분이 상대를 힘들게 한 것인지에 대한 성찰과 반성이 따라야 할 것입니다. 십여 년 동안 성폭력 가해자 교육을 해 온 저의 경험을 보면, 많은 가해자들이 교육을 시작할 때 '억울함'을 호소합니다. 그 억울함은 성폭력 가해자를 '특별한 사람', '괴물'로 묘사하면서 '일반인'과 분리하는 방식으로 각인시켜 온 미디어, 이론, 사회문화와 관련되어 있기 때문에 어쩌면 있을 수 있는 감정일 수도 있습니다. 그러나 그러한 감정이 드러날 때 자칫 피해를 호소한 사람을 또 한 번 곤경에 빠뜨리거나 사건의 처리를 어렵게 만들 수도 있습니다. 나의 억울함보다 나로 인해 발생된 일에 대한 '책임'을 중심으로 사건과 상황, 상대와의 관계를 찬찬히 재구성해 보시기 바랍니다.

Q. 내 친구가 가해자가 되었다면?

A. 내가 믿었던 주변인이나 친구가 '가해자'로 지목되었다면, 나도 모르게, 그 친구를 두둔하게 되기도 합니다. 그러나 정말 친구를 위한다면, 아래의 몇 가지 사항을 꼭 기억해 주세요.

첫째, 친구의 행동이 성폭력인지 아닌지를 판단하려고 하지 말아 주세요. 성폭력은 피해자가 경험한 맥락과 상황, 관계 속에서 판단되기 때문에 제3자가 쉽게 판단할 수 있는 일이 아닙니다. 제3자가 '객관적'일 수도 있다는 말은 피해자만이 알 수 있는 감정을 무시하게 될 수도 있으므로, 당신이 보기에 그 상황이 성폭력이 아닌 것 같다고 해서 가해자나 주변인들에게 그 생각을 말하는 것은 용기를 내어 이야기한 피해자에게 또 다른 좌절감을 줄 수 있습니다.

둘째, "운이 나빴다.", "어쩌다 실수한 거다.", "술이 문제다." 등의 말로 친구의 행동을 가벼운 것으로 만들지 말아 주세요. 가해자도 문제 제기를 받은 후에 고통과 혼란의 시간을 겪기도 합니다. 그래서 주변인들은 위와 같은 말들로 가해자를 위로하고, 그의 잘못을 최소화하려고 하기도 합니다. 그러나 가해자의 행동을 사소한 일로 만들 때, 가해자인 당신의 친구는 무엇이 잘못되었는지를 돌아보기보다 '어쩌다 한 실수'로 정당화해 버릴 수도 있습니다. 그리고 이러한 행동은 반복되겠지요. 혹여 친구의 행동이 많은 남성/사람들이 쉽게 해 온 놀이나 행동이었다고 하더라도 그러한 행동으로 피해를 입은 사람이 있다는 것을 기억하면서 친구와 자신의 평소 생각, 그리고 행동을 돌아보는 시간을 가져 보시기를 바랍니다.

셋째, "피해자가 오해할 만한 행동을 했다.", "피해자가 원래 예민하고, 문제가 있었다."는 말로 친구의 책임을 덜어 주려고 하지 마세요. 친구를 옹호하고 싶은 마음에 피해자를 함께 비난하는 경우도 있습니다. 때로는 중재하고 싶은 마음에 가해자를 대신해 변명해 주거나, 가해자의 현재 심정을 전달하는 사람들도 있습니다. 그럴 때 가해자는 자신의 잘못을 인정하고 해결 과정을 견뎌 내기보다는 스스로를 '피해자화'하여 피해자의 감정을 보지 못하게 될수도 있습니다. 성폭력을 당할 만한 행동이란 없습니다. 가해자가 자신의 행동을 보다 거리를 두고 바라볼 수 있게 도와주세요.

넷째, 나 역시 같이 책임질 부분은 없는지 고민해 주세요. 어쩌면 친구의 행동은 갑작스럽게 발생한 것이라기보다 평소 가져 왔던 생각과 습관들 속에서 발생한 것일 수도 있습니다. 가해자와 당신이 속한 그룹, 공동체, 학교가 이러한 가치관들을 공감하거나 부추긴 적은 없었는지 함께 생각하고 고민해 주세요. 그것은 당신의 성장을 위해서도 필요하고, 당신의 그러한 자세는 친구에게도 구체적인 성찰과 반성을 할 수 있도록 도와줄 것입니다.

Q. 내 친구가 피해자가 되었다면?

A. 내 주변 친구가 어느 날 피해 사실을 이야기한다면 어떻게 해야 할까요? 잘 위로하고 돕더라도 때로는 친구를 위해서 한 말이나 행동이 의도치 않게 상처로 다가와서 친구를 더 힘들게 하는 경우도 있을 수 있습니다. 아래의 사항들을 기억해 주세요.

첫째, 친구를 믿고 경청해 주세요. 친구가 당신에게 피해 사실을 이야기한 이유는 당신이 친구에게 그만큼 믿을 만한 사람이기 때문입니다. 많은 경우에 놀란 마음으로 "그러게, 왜 거길 따라갔어?"라거나, "어른들이 알면 일이 커지니까 말하지 말자."는 등의 말을 하는 경우가 많습니다. 이러한 말은 피해자가 자신을 탓하며, 자책감을 느끼게 할 수 있습니다. 친구가 나를 믿었기 때문에 도움을 요청하는 것임을 이해하고, 차분히 친구의 이야기를 들어 주세요. 그리고 "그동안 고생 많았구나. 나한테 이야기해 줘서 고마워. 네 탓이 아니야."라고 따뜻하게 얘기해 보면 어떨까요?

둘째, 가해자를 이해하라고 하기보다 필요한 부분을 함께 찾아봐 주세요. 가해자는 친한 친구였거나, 선생님, 때로는 부모님과 같이 매우 친밀한 관계에 있는 경우들도 적지 않습니다. 이때 친구가 원하는 것이 무엇인지 듣고, 당황하고 있을 친구와 함께 해결 방안을 찾아봐 주세요. 학교 상담원 선생님이나 부모님께 말하거나, 친구 손을 잡고 가까운 경찰서에 갈 수도 있습니다. 어른들에게 알리는 것이 걱정이 된다면, 일단 전국에 있는 성폭력상담소에 전화를 해 보는 방법도 있습니다. 우리가 몰랐을 뿐이지, 성폭력 피해 이후 도움을 줄 수 있는 곳은 너무나 많다는 사실을 기억해 주세요.

셋째, 피해자에 대한 고정된 편견을 버리고, 친구가 지닌 힘을 함께 확인해 주세요. 성폭력 피해자는 늘 우울하고, 고통에 빠져 있다고 상상하는 경우가 많습니다. 그러나 많은 피해자들이 어려운 중에도 다시 힘을 내려고 취미 생활을 갖기도 하고, 여행을 가기도 하며, 이전보다 더 활발하게 지내려고 노력하기도 합니다. 많은 감정들이 뒤엉킨 채 함께 나타나기도 하지요. 그럴 때 "괜찮아도 괜찮고, 괜찮지 않아도 괜찮다."는 친구의 위로가 있다면, 피해자에게는 너무 큰 힘이 될 것입니다. 무엇보다도 없는 힘을 만드는 것이 아니라, 문제를 해결해 갈 수 있는 큰 힘과 용기가 친구에게 이미 내재해 있음을 함께 확인해 주세요.

Q. 내가 피해를 입었다면?

A. 많은 성폭력 피해자들은 피해를 입은 후 이것이 성폭력이 맞는지, 어떻게 해야 하는지 혼란에 빠지기도 하고, 왠지 내가 잘못한 것 같고 내 탓도 있는 것 같은 자책감에 빠지기도 합니다. 그러는 중에 가해자와 다시 만나기도 하고, 성폭력이 아니라고 생각하고

싶어서 '귀여운' 이모티콘을 보내며 메시지를 주고받기도 해 봅니다. 성폭력 피해자라는 정체성은 사건이 발생한 직후 인식될 수도 있지만, 주변인, 가족, 직장, 학교, 수사/재판 과정에서의 모든 불이익과 관계, 위치의 변화를 결심한 후 '선택'되는 것이기도 하기 때문에, 사건 당시의 피해뿐 아니라 피해 이후 삶의 전 영역에 걸쳐 재해석됩니다. 그만큼 피해자가 '되기'를 선택하는 일은 복잡하고 어려운 일입니다. 그럼에도 불구하고 스스로가 성폭력 피해를 입었다고 결정했다면, 다음의 두 가지를 기억해 주세요.

첫 번째 단계는, 스스로 생각하고 계획해 보는 것입니다. 마음속에서 일어나는 여러 가지 걱정과 의문을 살펴보고, 원하는 해결 방안을 찾아보고, 해결 과정에서 활용할 수 있는 자원을 탐색하는 단계입니다. 먼저 나의 건강 상태, 피해 정도를 파악하고 피해 상황을 정리해 봅니다. 그리고 나와 가해자의 상황을 고려하여 나에게 필요한 지원과 가해자에게 요구할 내용을 정리해 봅니다. 이 과정에서 내가 원하는 대로 다 이루어질 수 없다는 것도 염두에 두면서 가해자에게 문제 제기할 때의 목표와 한계를 설정해 봅니다. 그리고 학교 내 상담 선생님이나, 신뢰할 만한 지인, 전국에 있는 성폭력상담소를 통해 상담을 받아 보는 것도 필요합니다.

두 번째는, 사회적 자원을 이용해 행동하는 단계입니다. 사건을 주변에 알리고 적극적으로 해결을 시도하는 과정으로 첫 번째와 두 번째 단계가 순차적으로 일어나지는 않을 수 있지만, 나의 상황에 맞춰 응용해 볼 수 있을 것입니다. 먼저 개인적 해결을 원한다면 가해자에게 요구할 것을 정리하여 전달하고 사과를 받거나, 교육을 받게 할 수 있을 것입니다. 사법제도를 통한 해결로는 가까운 경찰서에 찾아가 고소를 하는 방법이 있습니다. 이 경우 부모님이나 선생님 등 신뢰할 수 있는 성인과 함께 진행하는 것이 좋습니다. 또한 학교폭력대책자치위원회에 신고하여 적절한 처벌을 받게 할 수도 있습니다.

무엇보다 이러한 사건 처리들을 끝냈다고 해서 성폭력 사건 자체가 완전히 끝나는 것은 아닙니다. 오히려 피해자에게는 그때부터 진정한 치유와 회복이 시작될 수도 있어요. 성폭력 피해가 '씻을 수 없는 상처'라거나, '복구할 수 없는 흉터'라는 인식은 편견에 불과합니다. 모든 성폭력 피해자는 제각각의 과정을 거쳐 피해를 회복해 갑니다. 없었으면 좋았을 일이지만 이미 발생했다면 그 시간들을 통해 자신 안에 있는 힘과 용기, 능력을 다시 확인하고 힘든 경험에 대처하는 몸과 마음의 지평을 넓히는 계기가 될 수도 있습니다. 내가 잘못한 것이 아니라 성폭력에 대한 잘못된 사회 통념과 남성 중심적인 성문화 인식, 그리고 그것들이 모여 구성된 구조의 문제임을 잊지 말아 주세요. 수치심을 느껴야 할 것은 피해자가 아니라 가해자입니다.

일생을 성폭력 트라우마에 대하여 연구하고 상담해 온 정국 박사는 성폭력 피해자가 "몹쓸 경험에도 '불구하고'가 아니라 바로 그 경험 '때문에' 풍부한 감수성과 창의성, 그리고 깊고 넓은 영혼을 가진 특별한 사람으로 다시 태어날 수 있다."*고 말했지요. 만약 당신이 성폭력 피해를 입은 후, 성폭력이라고 말하기를 결정하고, 어떤 방식으로든지 사건을 처리하기로 결심하였다면 매우 용기 있고 주체적인 사람입니다. 당신은 불운한 사람이 아니라 불의에 대항하는 멋있는 사람이라는 것을 잊지 마세요.

Q. 도움받을 만한 곳

A. 국번 없이 1366

아하 서울시립청소년성문화센터 02)2676-1318

탁틴내일 02)3141-6191

한국성폭력상담소 02)338-5801

한국여성민우회 성폭력상담소 02)335-1858

한국여성의전화 02)2263-6464~5

---

* 정국, 『섹슈얼 트라우마』, 블루닷, 2012, 20쪽.

페미니즘 교실